性 *Sex* 與 溝通 *Communication*

朱元祥、林燕卿／著

談性說性

性，與生俱來，無處不在。人人有性，與生俱存，綿延不斷。

性，既是「本體」（注1），性器官是可觸可感的實體；也是「屬性」，性慾是每個人不可或缺的心身本性；更是「關係」，不論是異性戀者、同性戀者、雙性戀者的有伴侶的性行為，都是一種存在於個體之間的關係，即便是自我一人的「自娛」（注2）（舊稱「自慰」，貶稱「手淫」），也還是通過身體的一部分與另一部分或與另一種「助性器具」（注3）的特定關係而達成的。

性，最有關鍵意義的環節，就是溝通。因為，任何和諧而美滿的關係，都有賴於適宜而有效的溝通，性關係尤然。

就性的個體關係方面來說，溝通極為重要。伴侶之間，從房事的時間、地點、頻率、體位、敏感部位的探索、手法力度的調控等細微的安排，到是否要受孕、是否可以容忍婚外的關係等重大的決定和爭議，都需要良好的溝通。

就性的社會關係方面來說，溝通也是極為重要的。性與社會的關係，非常廣泛，其影響的的深刻與嚴重，也是極為突出的。多少的歡樂與痛苦、多少的無私奉獻與生殺掠奪、多少的柔情與仇恨、多少的幸福與罪惡，都源自於良好的，或者被忽

略、被扭曲、被錯搞的不良的性與溝通。那些使現代社會處於紛亂和對抗之中的性別衝突、性傾向歧視、性權的漠視、性產業的汙名與治罪等，也在相當程度上來自社會層面的不良的性與溝通。

性與溝通，不僅在意義上是極為多重的，而且在方式方法上，也是非常多樣的。語言的，文字的，平面的，立體的，虛擬的，藝術的，動作的，物質的，精神的，凡此種種，不勝枚舉。

「性與溝通」是樹德科技大學人類性學研究所很受歡迎的創新課程。以這一課程的教材和研討為基礎的「性與溝通」的出版，一定可以為臺灣社會的性文明、性開放、性和諧、性幸福，帶來正面而積極的影響。

舊金山高級性學研究院性學哲學博士

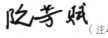（注4）

2007年11月9日

注釋

1. 「本體──屬性──關係」是幾十年前蘇聯哲學家圖加林諾夫提出的描述客觀世界的一組哲學範疇。
2. 這是筆者新創的名詞，首先用在「全方位的科學性教育」系列（共9冊，阮芳賦主編，南昌，21世紀出版社，2003；臺北，新潮社，2005）。
3. 這是筆者新創的名詞，首先在筆者主持的「泰國首屆性醫學研討會」（曼谷，1995）上提出。
4. 本文作者阮芳賦為美國高級性學研究院（IASHS）教授、美國臨床性學家院（AACS）奠基院士、臺灣樹德科技大學人類性學研究所客座教授、香港大學精神醫學系榮譽教授。

從另一個角度看性溝通

性愛在人類生活中扮演著極其重要的角色，很多人認為性愛是私領域的問題，不宜在公領域談論，遑論公開出書直接坦白性愛的溝通方式。但觀察許多伴侶因相處而產生的問題，可發現其中有太多原因與兩人的性愛相關。和諧的性愛可以促進雙方的親密關係，進而使彼此坦然以對，並化解許多潛在的「不了解」。

一般人認為溝通主要藉由言語及肢體，很少想到生活中的書信、小說、服飾、化妝、空間、圖畫影像及情趣用品等，也都顯現著人與人之間有形或無形的溝通和吸引力。人們在傳達親密友好的同時，也可能傳遞出性的意涵，帶來性的喚起、性的興奮和性的愉悅，促進彼此之間釋放愛慾；「性」可說是世間最美麗、動人的語言之一，但若沒有兩個人的共識或合作則很難完成，因此溝通是必經途徑，溝通的形式也廣泛存在於任何生活細節。

在教學中除了享受與學生的對談之外，也希望將在人類性學研究所授課過程所閱讀的資料，以及學生蒐集的報告，彙編成一本異於一般坊間談論「溝通」的書。長達兩年的時間，感謝上課時兩位不同性別的教師與研究生互動，撞擊出更多漂亮的想法，產生不同的思維，使這本書得以完成。當然上課及寫

作均是一種享受。

　　這本書共分十章，由不同性別如何看待親密關係、如何相互溝通、溝通的思維表現，以及實際溝通範例與解析等層面，從文字、色彩與服飾、肢體語言、空間布置、色情與藝術、網路溝通，以及情趣商品的意涵，引述性愛的表達方式，最後「性肢體語言——情趣按摩」則循序漸進介紹細緻的按摩方法，讓讀者可以邊看書邊練習。全書不僅提供認知閱讀，也有實務操作，期使透過閱讀和實踐後的人生，增添情感與性愛的豐富色彩。我們冀望能將性愛的美事藉由本書提供給有興趣探討性愛的讀者，若能得到更多、更細膩的回應，將使本書更具廣度及深度。

朱元祥　林燕卿

寫於樹德科技大學　人類性學研究所

目 錄

壹 性別與親密關係

世人大都著迷於了解男女如何相遇、如何產生感情等問題，例如「為什麼男人經常主動向伴侶求婚，而女人多半會拒絕？」「為什麼男人常在女人面前打架？」「為什麼女人喜歡男性的奇特裝飾或獨特表現？」

對情感議題有興趣的不只人類而已，也包括其他物種，這也許是因它具有繁衍生命的功能。因此，尋找一個伴侶和培養親密關係是很重要的任務。即便祖先為我們的生存而奮鬥，為我們找尋藥草和食物，替我們阻擋掠奪者和敵人的侵略，為我們蓋房子以防風吹雨打，但假使他們不能吸引伴侶和繁殖，今天我們就不可能在這裡談論「性」這件事。整個生殖過程，必須先遇到一個適合的對象——這任務通常包含調情。調情往往開始於一抹微笑、眨眼（雙眼盡量張大，讓自己的睫毛往上翹），接著經過之後轉身時，眼神也輕輕的掠過。調情的舉動是增進親密關係的一個元素，其中原因不難理解，它可能涉及跨文化的形式和表現，然後成功的邁向繁衍後代的階段。

1 從求偶、競奪到繁衍

一、物競天擇論

達爾文於1859年發表的物競天擇理論，立基於隨機變異

（random variations）和保留選擇（selective retention）的基礎，所有的動物都會為了食物、居所、尋找配偶而相互競爭，簡而言之就是為了求生存。保障個體獲得資源的基因特質，可以使個體得以活得長久一些，有更長的時間繁衍後代，以及在交配過程中享受更多的愉悅。那些強化個體適應能力、生存能力及繁衍能力的基因特質，比較可能持續流傳至下一代，因此自然會選擇某些優於其他物種的適應特質。

人類本身的變化包括適應、生存和生殖繁衍下一代，因此自然的選擇方式適用於人類。自由選擇的方式通常涉及行為，當遇到攻擊就會怒吼，而動物聽到這個暗示時就會避免對敵手怒吼，以確保自己的生命。這物競天擇的結果，包含了傳達與接受情緒的溝通。

達爾文又指出有些動物的行為比較善於吸引配偶，但卻無助於生存競爭。例如，在澳洲的交配季節裡，雄園丁鳥會用顏色鮮豔的小石頭、花或貝殼築巢，並唱歌以吸引雌鳥靠近。雌鳥會在鳥巢前面觀察哪隻雄園丁鳥最具有吸引力，然後和牠交配。即使雌鳥在交配後隨即離開，雄鳥依然會繼續蓋牠的房子，吸引其他雌鳥的到來，一隻雄鳥平均可以和33隻不同的雌鳥交配。對雌鳥來說，選擇一隻能建造一座漂亮鳥巢的雄園丁鳥，代表可以繁衍聰明的下一代。這樣的行為，顯示了雄園丁鳥不但是很厲害的建築師，還會用聲音吸引雌鳥接近，但這只

有吸引配偶的能力，卻沒有生存的能力。

二、生殖的演變

性擇是指求偶的行為，性擇有兩個關鍵：一是性交的選擇，利用特質去吸引配偶的靠近；二是性交的競爭，為兩個同性的對手相互競爭，以爭取異性接近。此基礎建立於生殖的適應。崔弗斯（Robert Trivers）於1972年發展出一套親職投入理論，提到親職付出多的一方在進行擇偶時，會慎選配偶，評估對方基因的良莠。

在哺乳動物中，懷孕意味著雌性動物比雄性動物必須付出較多精力，因此雌性動物在選擇伴侶時要多考慮一些，因為牠們的身體會懷孕和吸收營養。絕大多數的雄性哺乳動物具有生殖的功能，例如雄性大角羊在交配季節時會碰撞羊角展現牠的支配地位，雌性喜歡和有權力的公羊交配。在類似的物種中，雄性動物較不挑選對象，然而雌性動物卻較苛求。在少數的物種中，雄性付出較多，交配行為有其親職的投入理論，例如海馬和楊枝魚是由雄性負責生殖，因此，其雌性的外表有豐富的顏色和性格上較具攻擊性。

雄性在自然的環境下，不認為那些孩子是牠的，加上容易遭受其他雄性攻擊，避免「通姦」便成為雄性的重要防範，而對於不屬於牠的後代，就不會讓牠們擁有珍貴資源。由於這個原因，雄性傾向於保護伴侶，以確保活動時的安全及唯一性。

例如一群公伶猴照顧一群母伶猴，公伶猴可能會基於保護自身、不浪費資源的原則而殺死剛出生的伶猴。在生物學上大多數物種母性的付出和父性的付出並不相稱，因此有不同策略和敏感的交配關係行為。

②人類親職付出

一、藉聯繫配偶繁衍後代

就像其他哺乳動物，人類的生殖是經由體內產出，女人懷胎並且把孩子帶在身上，而男人無法如此。人類是屬於聯繫配偶的物種，藉由建立一個長期、親密的關係來幫助繁衍後代；在社會一夫一妻制的形式下，人類與其他哺乳動物比起來是獨特的。所有人類社會都有結婚的形式，人類學指出浪漫的愛情呈現廣泛多元的文化。

這演變發生於自私的基因底下，也就是說如果此基因傾向於一夫一妻的形式，同時也接受有某些遺傳的基因在後代身上，那麼這些行為就可以是選擇性的。不管聯繫配偶是一夫一妻、一夫多妻或一妻多夫，都提供了再生能力。例如在鳥類物種裡，配偶聯繫是非常普遍的，牠們利用長期孵卵或是照顧幼小無依的幼鳥而聯繫。至於人類，很多因素都會連結到父權社會，聯繫的原因之一，是為了照顧容易受傷的下一代。剛出生的嬰兒完全需要父母的照顧，藉由長者才得以生存，他們無法

靠自己獲得營養和保護。無助的嬰兒需要不停的被照顧,從人類的歷史演變可看出,假如嬰兒無人照顧,很有可能受到掠奪者侵襲,再者,應該讓嬰兒攝取高蛋白食物,健康的成長。嬰兒的學習來自父母的教導,隨著對傳承文化的接受度漸漸改變,從父親獲得的好處就會影響對母親的利益,然後會去做選擇。

二、男女選擇不同

男人總是將所有的時間、金錢、心力等,投資在自己的下一代身上,而下一代也必須繼承這個典範。男人選擇伴侶的標準是要一個長久、堅定的人,然而男人和女人對小孩的付出卻完全不同,因此他們必須一起慎選對象,女人要有能力懷孕生子,而男人必須承擔孩子的健康責任,比方說對象的身體是否對稱、有沒有圓潤的臉蛋、臀部比例如何(顯示性的成熟度)等。相對於男人貢獻他們的基因及金錢、居所等次要的資源,女人則負責生產、孩子的健康和學習能力。配偶的聯繫同時也需要父母親的合作,除了彼此不同的養育目標外,他們還必須具備穩定的特質。

肯里克(Kenrick)及其同伴曾研究男女在不同感情關係下,是否影響他們對親密伙伴的選擇,例如生理吸引力、支配、適應、穩定等。答覆者評估在感情發展四階段中能接受的最小值為約會、性關係、穩定交往、結婚。此結果結合了不同

父母的付出典範：

㈠女人在所有階段有較多選擇權。

㈡男人勝過女人的唯一特點是性感及健康的吸引力。

㈢女人比男人更重視支配及地位。

㈣男人對年輕且具吸引力的女人有較高的價值認定，女人也是如此，然而女人比男人更注意資源的獲得。

　　肯里克等人同時發現一個相關的特點，配偶聯繫對於男女相當重要。男人和女人同樣會去選擇他們的伴侶並做穩定約會、結婚，然後可能用暗示的方式來獲得感情的承諾。然而，提到親密伴侶時，男人通常期待遇到一個豪放型的女人。從答覆者在談論一夜情時誇張的描述，就可看出性別差異，此情況下的慘痛代價就是女人懷了再也見不到面的男人的孩子，而男人得以用最低成本散播他的種子。在這危機般的情況，女人的選擇就是感情的承諾；然而男人卻是降低本身的標準並期待能吸引異性注意。當然男人和女人都可以有短暫或長久的感情。

二　男女忠誠有異

　　男人專注的事和女人不同，男人專注於個人的特質和忠貞度，而女人則在乎男人的地位和對男人的支配能力，這顯示男女在交往過程可能有的差異。女人認為長久的關係應該建立在認同這段感情，因此女人比男人更可能因為忌妒而生氣，會

希望情感的忠貞度不要受第三者影響。相反的，男人只在乎自己的伴侶是否真誠，以避免有第三者介入。男人對純潔這個價值觀看得比女人還重，他們認為自己另一半的性忠誠度比交往經驗重要，所以過去的法律會支持當妻子對丈夫不忠時必須付出慘痛代價，而有陰蒂切除術、陰唇縫合術以控制女人的性行為。

男人雖有婚姻的束縛，但並不只單純想要和自己的伴侶有性關係，還想和其他人有性關係。事實證明他們的確是想要這樣。男人在選擇結婚對象時，會希望不要選擇一個把性看得隨便的女人，但在交往過程中，他們卻希望能輕易得到性。他們對性的需求量大，雜交的可能性更大，即便這個對象不會成為他的結婚對象。

這樣的差異性經過研究後更加證明。當男人以三種方法邀請女方：我們一起出去、到我家來、我們上床，大約有一半的女性會答應男性外出的邀約，但卻只有3％的女性會跟男性回家，而沒有一個女性會答應跟男性過夜；相對的，男性會答應外出約會，但有70％的男人希望去陌生女方家並且過夜。換句話說，男人想要性，而女人想要控制其次數。但這不代表女人不想要性，只是她們考慮的層面包含預期性和懷孕的因素，她們在想要有短暫的戀情時，會期待對方是具有吸引力的，並且願意花錢在她們身上。英國的女人喜歡在結婚後背著丈夫有短

暫的婚外情，從這點來看，女人更勝於男人。在決定對象的壓力下，以及檢視信念及支持的雙重壓力下，讓感情萌芽的初期極具挑戰性。

4 戀愛行為

由於男女面對不同的真實面，所以他們經歷不同的戀愛經驗。女人比男人更會分辨，尋找一個具有吸引力、地位高的男人，控制交往的過程以便接近男人。戀愛期間，男人會希望利用性行為的好處來展現他們的地位和支配力，以及喜歡接近發出需要信號的女人。戀愛也是互動的過程，就像鏡子一樣照映對方，然而只有在互相建立忠貞的過程中，才能分辨男女在戀愛第一階段的差別。

一、女人戀愛行為

從異性戀初期的浪漫交往可以發現，男女平均的花費和所獲得的利益是不一樣的，比方說，女人比較容易在尋找過程裡受傷，因此她們會很謹慎的尋找約會對象，相對的，男人則覺得女人太常歧視性別以及喜歡控制整個戀愛過程。女人在發情的階段，行為很明顯，會告知對方自己已經準備好，然而，她選擇伴侶的方法是漸漸接近對方。

人類的交往過程，都是靠著生理去配對，或許少了點感官刺激，但在執行上卻又錯綜複雜。

男女交往的過程困難重重，也影響了雙方曖昧不明的表現。最顯著的是，女人會暗示她們想要吸引的對象，但這暗示卻是微弱的，以掩飾她強烈的欲望。由於男人對這種具威脅性的暗示相當敏感，而男人卻又只對那種不會拒絕他的暗示有興趣，因此女人必須明顯的傳達給她們想要的其中一個男人，否則男人會覺得那暗示是發射給任何一個人，而當他們所有人簇擁而上時，就會有戴綠帽的問題產生，所以女人必須明顯的指出她要的男人是哪個。其實，微弱的暗示也在保護女人面臨拒絕時的尷尬，以及確保目標男人對她的好感程度。

二、女人戀愛行為研究

㈠研究男女曖昧階段和交往過程的行為可知，女人期望表現她們解讀非言語行為的能力，但又不願意表現出她們對男人的著迷。事實上，女人的確比男人更懂得解讀這些非言語行為，即使要解讀的東西是不重要的，女人仍然在解讀中扮演厲害的角色。許多研究指出，大多數女人的說話技巧高於男人。

㈡多數研究都顯示女人不只是會在一開始時亂放電，同時她們也會採取行動，即使那是初步認識的時期。根據對70對情侶所做的觀察，絕大多數女人會積極找尋對象，比起男人在行動上更加積極。培爾普（Perper）在酒吧裡進行900小時的觀察，發現女人的暗示通常是在剛認識的階段，並

且會積極的去吸引男人。

㈢女人拒絕的策略比男人還要多，當她們遇到不適合的對象
時，會暗示對方像是銷售員，並表現拒絕推銷似的態度，
因此女人會拒絕不適合的對象。女人的確比男人有更多的
藉口來拒絕對方，但是拒絕也需要有點技巧，委婉而不傷
人。因此女人反而比男人有更多的機會拒絕，而且更有策
略性。

㈣女人在曖昧階段的表現，可以讓雙方更加適應親近，比起
沒有表現出來的女人更容易融入氣氛，而在充滿男人的酒
吧裡，也比在多數女性的會議廳更為有效。

總言之，女人假如對接觸男人有興趣，那就應該有技巧和
感性的表現自己，她必須同時給男人他們所想要的，但也不要
怕被男人拒絕，此階段充滿潛在性的危險；另一方面，接觸男
人的同時也會發現壞男人真的不少。

三、男人戀愛行為

讓男人在交往過程中陷於兩難的，也包括面對女人時的
困難。要成功的獵取女人，必須注意到女人的暗示，還要跟眾
多男人相互競爭。第一個為難的原因，是要去吸引女人的注意
力，即使地位高的男人，他們對非言語的暗示還是會感到困
難；第二，在絕大多數物種中，男人只是為了滿足自身的欲
望，就像公象會用尖銳的角攻擊直到對方撤退。因此男人只接

近對他有興趣的女人，以降低被拒絕的可能，並且會為了爭取有價值的女人而快速採取行動。

四、男人戀愛行為研究

㈠男人總是傾向表現自己的地位和權力，有些行為是男女都會有的，像是告訴大家自己很有幽默感和同情心、有禮貌、易相處，所有特質都有關長期交往的穩定性。為了符合期待，男人會讓對方知道自己有地位、有權力，然而通常只是展現自己的財力罷了。而且他們都愛吹牛自己多有權有錢，自己多聰明、性能力多強，以及自己的性能力多受人肯定。換句話說，男人察覺自己的需要，然後去展現自己的權力或是財力，但反而貶低了自己。

㈡男人比較喜歡接近他們感興趣的女人，摩爾（Moore）研究指出，有八成的男人喜歡女人用暗示勾引他們，比使用非言語更管用。此外男人也不喜歡約女人出去，除非女人主動表示對他有興趣。

㈢男人喜歡快速展開行動，而且他們習慣打斷女人的非言語行為。或許對年輕男人來說，他們對異性比較感興趣，所以會有競爭，並且展現他們的權力、地位，然後在充滿羅曼蒂克的氣氛下打斷女人的非言語溝通及保守的暗示。

這樣的研究不僅提供有效的預測值，並且解釋了男女在行為上的差異。其重點就在女人和男人尋找對象時，會採取不同

的目標與態度。事實上，女人控制了整個交往過程，即使這些行為並不需要有所自覺。對於女人為何喜歡被動等待的迷思，也將一掃而空。當人們在觀察生活的行為時，互動關係就是為了要讓彼此在不同差異中相互調和，而這也是我們所關心的主題；我們應該清楚識別哪些是自己感興趣的、哪些不是。

貳 性與溝通

　　建立任何值得的關係都需要努力以及許下承諾。當性的分享成為關係的一部分時，會變得很敏感、複雜。性在愛侶的關係裡是重要的，分享性是分享最深層的親密關係，是和另一個人做緊密的接觸，是做一個好的聽眾及知心的人。

　　性也帶著危險，如計畫之外的懷孕或性傳染病，其他「性」的危險也一樣，和人類的互動密切相關。例如：僅以外在標準作為自己性的規範，每個人都帶著自己獨特的性需求、性取向、性吸引力與行為模式進入一個社會，而這些規範都有各自的文化、政治與歷史的框架。有時維持平和秩序是不可能的，有時所扮演的性角色不一致，便形成了個人某種程度的痛苦與混淆。

　　羅曼蒂克的情感和性的吸引也常帶來危險，因為兩者難以區分，有時說「我愛你」是對性的正當化，有時候將性的互動當成是愛。東方社會對這件事沒有混淆，愛的表達較含蓄、委婉，當說出口時就是真的愛了，愛不會變成性的藉口。

　　危險還存在於不承認自己是容易受傷害的，而接受所謂愛是與生俱來的觀念。每一個關係都有痛苦或不愉快，害怕去處理自己或伴侶的傷害，將是促使關係破滅的原因。

　　學習用健康正向的方法處理傷害，也必須了解和接受自

己，發展自尊和自信，以建立自我的價值感。依賴對方太深時，表示會付出很多心力經營彼此的關係，而這可能擴大對關係的傷害。我們應接受自己，認可自我的價值。

愛的理論

愛不會突然發生，而是需要執行、享受與互動三個系統交互作用，對另一個人而言，就像齒輪的嵌入一般互相牽絆。愛的本身渴望性的滿足，這是站在進化論的觀點；愛的動機來自於生殖的需求。

吸引是一種特性，對特定人有高度的能量和關注。對所愛的人感覺興奮，有被闖入的想法，並渴望情緒的連結。

情感是一種特性，想和所愛的人緊密接觸。這種緊密的關係，通常開始於吸引的過程，覺得戀愛了。這樣的愛情，情緒的強烈與性吸引一樣大。當其中一方沒有能力去愛，或沒有性吸引力時，另一方會感到加倍的痛苦。因為投入的時間及精力都相當大，當發生情感障礙時，就更顯得脆弱、容易受傷害。因為從沒設想過情感會發生變化，此時常聽見伴侶說「我一直都是愛你的」、「我不會離開你」，或者「我從來沒有傷害過你」之類的話。然而愛有一天會結束。我們的社會相信激烈的愛是值得的，在這強烈的時期之後，可能會進入穩定及深入的承諾關係，有安全、舒適、滿足的感覺，照顧並信任對方，此

時伴侶體會到愛的力量,遇到不同意見時,會溝通並努力接受
對方的優缺點、愛著對方的各個面向。

一、愛的歷程

相愛中的人會經歷下列歷程:

(一)戀愛的經驗裡,「愛」有其特別的意義,會將被愛者看成
獨特、與眾不同的人,在這段時間只見到彼此正向的那一
面。

(二)羅曼蒂克的愛總是經歷著心理與生理的反應,常見的情況
如睡不著、沒胃口、心跳加快,但當愛情黯淡,會感到失
落、焦慮或沮喪。

(三)非常想念對方,整個情緒完全放在對方身上,害怕被拒
絕。

(四)性的想法經常伴隨在愛的周圍,希望有性的親密接觸、占
有,並期待成為「唯一」。性和羅曼蒂克是相連結的。

(五)無法控制羅曼蒂克的吸引力。但羅曼蒂克的吸引是暫時
的,它會結束。

二、史登堡的愛情三元素理論（Sternberg's Triangular Theory of Love）

史登堡花了幾年時間研究愛與關係的動力,得到下列論
點:

(一)親密是情緒的成分,包含緊密、相互支持與分享。

㈡激情是動機的成分，具有強烈的動機，讓性喚起及分享在第一個時間點上快速蔓延。激情類似上癮的物質，人們在此時有刺激與愉悅的感受。如果其中一人突然結束這段關係，則激情也會突然消失。有些人在這過程裡會有沮喪、痛苦、易怒的情緒反應。

㈢承諾是認知的成分。承諾會隨著關係成長與發展，一旦關係結束，承諾也將消失。

三、腦部迴路及愛情化學反應

愛是一種力量，可以預防疾病及促使身體健康。化學物質的刺激會導致對他人產生羅曼蒂克的反應，性激素或賀爾蒙扮演著重要角色。一種稱為雄激素的化學物質多存在男性的汗液裡，散發類似麝香的氣味吸引女人，但它氧化時，女人會討厭這股氣味，除非女人正值排卵期；而女人的陰道分泌物也有這種化學物質，男人吸入後會提升性慾。實驗證實，賀爾蒙會增加男人從事性愛活動的欲望。

戀愛期間，大腦會受到苯氨基丙酸（phenylethylamine）、多巴胺（dopamine）及正腎上腺素（norepinephrine）等的刺激。這些刺激物稱為安非他命（amphetamine），可使人興奮、能量增加及精神愉快，同時也可能減少腦迴路的血清素（serotonin，血管收縮及改變神經細胞功能之製劑）。血清素的減少會連結強制性的想念、焦慮、沮喪及不好的心情，這也

是熱戀無法永遠持續的理由。人體會建立生物化學的耐受性，所以戀愛的熱情會消失，缺乏吸引力。因此有些人會一直渴望進入戀愛，因為在進入另一段關係後，吸引性又重新在腦中升高，開始運作熱情。在戀愛的時期，愛會刺激腦內的恩多芬（endorphines），它可減低疼痛，產生安全、安定、安靜的功效。而催產素（oxytocin）則在身體親密時分泌，它與高潮和性的滿足連結。當高潮呈現時，腦下垂體腺分泌激乳素，促使性的欲望，帶來性的興趣和滿足。

二　親密的建立

　　親密對不同的人意義也不同，親密通常是指兩個人之間特別的緊密，這種獨特的感覺勝過表面的互動。但是，人們如何建立這種親密關係？

　　接觸是建立親密關係極重要的基礎。皮膚的敏感在胚胎時期就已經發展了。接觸的敏感性是經驗裡最早留存的記憶。接觸是一種開心的感受，但並不一定要導致性愛的活動。接觸是照顧和愛的一種方式。

　　輕鬆是親密的另一個重要因素。人們以開放的心情和另一個人輕鬆相處。輕鬆可以減輕肌肉的壓力。焦慮、沮喪、憤怒、仇視或爭執等會造成壓力，並可能破壞親密及性的感受。

　　參與關係是親密所需要的，在關係中負起責任去溝通或行

動都是必須的。

一、愛與性的混淆

今天在我們的社會裡，愛與性變得模糊了。事實上，羅曼蒂克的愛是近來所發展的，以前它和性並沒有一定的連結，愛可以是很純然的感覺。在現代，羅曼蒂克的愛總是和性相連結。在婚姻裡，愛的感覺與性的熱情是持續承諾關係的一部分，但經過一段時間，情緒會改變，人會用性去牽制他們的伴侶，或以性的表現來意味彼此的相愛。

事實上，愛的感覺及性的興趣會隨著時間而有所改變。一般都會假設，相愛的人一定會發生性，然而大部分的伴侶忙著生活，先前喜歡的事也就會有所改變。

愛可能在關係裡被濫用，藉種種理由來控制對方，如「我這麼做，都是因為我愛你」，或「你如果真的愛我，你就應該要……」等不計其數的方法提領了愛的存款，比方：

「和我一樣喜歡做愛」

「除了我，不可以看別人。」

「相信我，沒有問題！」

「現在，和我做愛！」

「知道如何引燃我」

「絕不傷害我」……

這些都只不過證明缺乏安全感，並經由這些命令向對方索

求。當愛與性之間產生混淆時，最好的解決方法是溝通。我們可以清楚的了解性的滿足和關係的滿意，愛及承諾是緊密連結的。

二、朋友關係和性

很多人會說愛他們的朋友，但他們的友情不會轉為羅曼蒂克的愛或性的吸引。一般而言，有朋友的人會比沒有朋友的人較少焦慮和沮喪。

朋友關係有時會和性混淆，單身的男女比結婚的人有更多朋友。伴侶如果有很要好的朋友，對親密關係可能是一種威脅，因為另一半會擔心他們有深度的親密或性的分享，當朋友關係出現性的成份時可能產生不舒服的感覺。不承認關係裡有性的吸引，可能無法打開溝通的管道；這裡有一個明顯而危險的想法，在關係中有人期待這情感有所變動，而不是朋友關係。有些時候，愛和朋友關係很難釐清，因為朋友關係很單純且安全，伴侶在這關係裡是舒服的，然而當它變成愛，生活裡就出現兩難。

三、嫉妒和占有欲

由於深愛一個人，因此經常害怕失去對方，而且想占有對方。情感理論很清楚的敘述安全型、先得型和避免型三種型態的情結束縛。安全型情感者的特性是經由增加自信和自尊，並在愛的關係裡獲得滿足。先得型情感者是不安、有矛盾情結的

人，對自己具有負面看法，對伴侶則持正面看法，十分依賴伴侶的慰藉。避免型情感者會避免受傷害，有些認為自己比伴侶有價值而對其漠視、貶低；有些則對雙方都有負向看法，害怕親密，並且擔心伴侶無法照顧好他們。

每個人都希望所愛的人專情且深情相待，也因為如此，會害怕失去對方的愛，如果被暗示有第三者時，嫉妒的情緒便油然而生。愛的關係裡有快樂與滿足，同時也會發現伴侶對其他的人具有吸引力，不過這並不會威脅到關係，也不是伴侶間問題的訊號。

有時，嫉妒會變成占有，而呈現毫無道理的憤怒，甚至是過度占有，而對方卻無法改變伴侶無理的行為。下列幾個方法可用來面對嫉妒的伴侶：

(一)不要落入圈套去回答無理的問題。嫉妒的伴侶可能會質問一些問題，這時以自己的感受和堅持事實去回應是最好的溝通方式。

(二)鼓勵伴侶和你一起處理嫉妒這件事，向諮商者尋求協助，不要只單純的保持和平。嫉妒是關係裡的一個麻煩訊號，不可漠視。

(三)不要以同情的方式處理，應了解伴侶如此嚴重嫉妒的理由，不要認為他（她）可以擁有不合理、不公平的責備及懷疑。嫉妒的伴侶有責任找尋方法來處理問題。當伴侶威

脅自殺或施以暴力時，彼此的關係已經含有強迫及操縱的成分。這是嚴重的問題，必須尋求專業協助。

㈣了解這段關係的健康性。即使嫉妒和占有的反應似因出於無助和依賴，但也意味這段關係已不再輕鬆。如果你同時愛著其他人，就必須盡早決定是否要停留在這段關係裡，並向受過訓練的諮商者求助，以維持自己的心理平衡。

四、處理失去的愛

有些愛的關係到後來變質了，這是否意味著找錯人？未必！所有的事情和情感經過一段時間都可能產生變化，原先認為很迷人的癖好，經過一段時間以後也許會覺得討厭，另外，性也可能變得不起勁、單調。這些都會使兩人的距離愈來愈遠，其中一方或雙方缺乏熱情和動機再創新承諾。

這時無論多少山盟海誓也無法阻止雙方或其中一方想結束這段關係。當其中一人選擇離開，而另一人卻選擇停留在關係裡，選擇後者的人總有被傷害的感覺，如果最後的日子充滿不愉快、混亂，更會有孤獨、悲傷的感覺。關係破裂時，憤怒是一般的情緒反應；這種情緒的呈現無害，但要預防轉為內在的沮喪，以及貶損自己。另外，哭也是健康的發洩。不同型態的人面對失戀，各有不同的方法，有的人選擇很快跳入另一段戀情以撫慰傷口。其實遇到這種情況時，應該給自己一段時間平復，傷痛的感受是必經的歷程，如果很快再發展另一段感情作

為逃避，則將來不容易建立互信及發展完整的親密關係。

性的溝通

　　溝通是一種持續、動力的過程，當有人不願溝通時，甚至會採取沈默及避免接觸的方式來表達。其實溝通對於建立健康的性關係是很重要的，可惜很多人不了解，以致有些人常說「性是可以做的，但它不能說」，這樣的想法將人限制在性器官的層面上。事實上，若想維持和另一個人的性關係，應該互相以開放誠實的態度去溝通雙方的想法、感覺、幻想與需求。透過媒體傳播，性的話題已不再私密，但人們卻仍然害怕去討論，甚至漠視。大多數人較常以開玩笑的方式談性，而談論伴侶過去的性歷史、對性的感覺、對性的喜好等卻顯得困難重重。在性的語句上，也大都使用俚語，如果使用正確的學理名稱則會覺得壓力十足。社會一方面傳輸各種不同的性訊息，另一方面又認為「性」是洪水猛獸，足以殘害人心。在社會的秩序裡，總將「性」放在控制的領域，而看不到性的愉悅及溝通的機制。

一、溝通過程

　　溝通的層面很廣，包含感覺、態度、價值及需求嚮往等，尤其性方面的溝通更是多元。有些時候，想表現友善與親密，卻被解讀為攻擊，這與表現的型式有關，如眼神、臉部表情、

身體動作等都會傳遞訊息，當然還有語言的字句及聲音。溝通是一個非常精緻的過程，但結果仍會產生誤解及不了解。以圖1而言，傳送訊息的人有其個人的想法、感覺、態度與需求，雖然他要溝通達成某些目的，在經過其詮釋系統時，這訊息被雕塑並做傳送，而接受者也以其本身的詮釋系統解讀訊息。

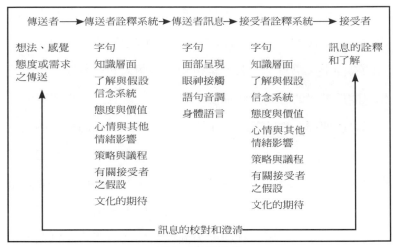

圖1　溝通過程

　　從圖2可明顯看到這過程的複雜度，結果傳送者的訊息不盡然全被解讀成功。所以溝通最重要的工作是須運作一良好的回饋系統，以便讓接受者進行訊息的澄清及校對工作，使誤解及不了解的情形減至最低。

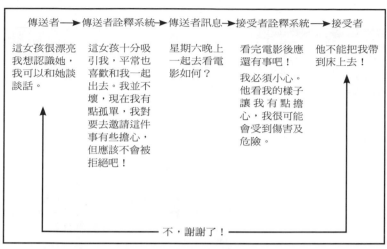

圖2　誤解的溝通

二、溝通的內外一致

　　運用肯定的溝通技巧可以減少關係裡的混淆和不了解，使內在想法與外顯行為達成一致。以下表1及表2是些假設性互動，從中可以看到一般較缺乏溝通技巧的說法、該說法背後的想法和感覺，以及其他較有效的說法，或許無法改變行為的結局，然而應可改變互動中的感覺。

表1

	說了什麼	如何想及感覺	可以改成這樣說
男人	你最近對性看來不投入，有事嗎？	有些事不太對勁。她只是躺在那裡，我想我不是一個很好的愛人。	我其實不好意思談這件事，但是我擔心近來我沒有讓你在性方面得到快樂。
女人	沒有，我很好。	喔！天啊！他沒想到我在床上躺得好好的。	我擔心你認為我並不是很好。
男人	這時間對你合適嗎？	有可能她並沒有很愛我，也有可能我沒有做好一些事。	我很愛你，我擔心你的感覺和我不同，或我的性技巧不能取悅你。
女人	合適，很好。	他必須知道，我無法達到高潮，這是一件很尷尬的事。	這不是你的問題，我也很愛你。我不想和任何人談。我從沒有過高潮，談論這種事讓我很難為情。
男人	少來了，你確定？你看來沒有興致。	她不想承認她和我有同樣的感覺。我一直沒有能力維持這關係。	我怕這件事會使我們之間疏遠並且失去熱情，或許我們可以一起引燃性的感覺。
女人	我們一定要談這件事嗎？我不喜歡分析我們的性生活。我已經告訴你了，一切OK。好嗎？	如果我無法找到假裝高潮的方法，可能會失去他。但我好愛他。	要談這件事，對我而言並不容易，但我願意為這件事做一些努力。

表2

	說了什麼	如何想及感覺	可以改成這樣說
女人	今天下午可以一起喝個下午茶嗎？	他的確吸引我，這應該是可以建立關係的方法。	我注意你很久了，如果你能接受我的邀請喝個下午茶，聊聊天，我會很驚喜的。
男人	我現在很忙，下一次吧！	要發生什麼事了？這星期以來她一直注意我。	我注意到你在看我，你有什麼話要說嗎？
女人	那明天下午呢？我們可以在四點半見面，到附近的餐廳吃飯。	如果我現在讓他離開，那將沒有其他機會了。或許可以再拖延一些時間。	我很高興有這個機會認識你。
男人	明天下午我要開會。	這個女人怎麼了？她應該有適當的對象吧？我有大麻煩了。	我不知道，我覺得有點不舒服，我的生活目前有些紛擾，想平靜一下，謝謝你的邀請。
女人	喔，那星期五下班後呢？	我想我太急了，他感興趣的是他漂亮的同事。我到底怎麼了？	我不希望自己匆促的敲定這件事，但是我真誠的希望你考慮一下，我們可以聊得很好，我是不錯的人。
男人	看看吧！星期五我不在，或許你可以找別人陪你去。	我是要出去，她該不會非要得到答案吧！	很謝謝你的邀請，不巧這時間我不行，希望沒有讓你覺得不舒服。
女人	抱歉，我不會再打擾你了，再見。	我搞砸了，我總是太急。	好，如果你改變心意了，我會在那個地點等你，保持聯絡！
男人	好。	或許我太逼她了，讓她覺得自己像落難狗。	現在，我還不想有干擾，但是我會記得你，謝謝你的諒解。

性關係裡，男女雙方會呈現權力的互動。當其中一人是較脆弱、敏感的，便容易在性的互動裡居於命令的位置；有的人則是對性沒有興趣或感情變淡，而以拒絕對方作為懲罰，通常男性比女性容易以欺騙的方式來維持關係中的權力。

有些時候，人們為了避免有性活動或性愛失敗，於是使用性權力的機制來破壞「性」，也可能因為太忙、太累、情緒不佳等因素而使性活動難以引燃。久而久之，性的分享就愈來愈困難。

性慾低落是因為男女雙方關係有著混淆和情緒的問題在作祟。信任是建立親密關係和滿意性生活的重要因素，當缺乏信任時，可能導致伴侶對關係不滿意而選擇離開。

三、有效溝通的原則

日常生活裡，可以溝通許多事務，惟獨有關性的議題很難溝通，在性的價值觀、同性戀、避孕等方面的議題還可以溝通，但是一旦涉及喜歡的性活動及個人想應用的避孕方法，往往就十分困難。使溝通進行順利且有效的原則如下：

㈠**許下溝通承諾**：雙向溝通必須有兩個人的意願，也建立在關係的品質上。有時候可能因為疲累而感到灰心和沮喪，但如果仍有溝通的承諾，便能克服這障礙。尤其有關「性議題」的討論，能促使雙方在愛裡的需求得到滿足。

㈡**了解自己的價值**：在溝通有關的性議題之前，先想清楚自

己所持的立場與價值觀，了解自己的信念、開放態度與價值，再進行溝通。

㈢**了解自己的文化**：當對方的文化與自己不同時，則須先了解自己的文化傳統，並思索如何表達有關性議題的遣辭用字才能讓自己舒適，這些均是很重要的工作。

㈣**維持對等立場**：對等立場是良好溝通的必要條件。如果其中一方是處於劣勢的立場，則溝通就不會順暢。權力的不對等在關係上是危險的。

㈤**建立信任**：缺乏信任時，將無法進行性方面的互動。信任是關係建立的基礎，若缺乏信任，會導致溝通的風暴及嚴重的關係障礙。

㈥**尋求對的地點和時間進行溝通**：在什麼地點、什麼時間進行溝通，關係著溝通的成效。應尋求一個可以放鬆、舒適及隱祕的地方溝通，通常床上是一個理想的所在。留意會引爆情緒反應的談話主題、了解溝通的氣氛與遊戲規則，以及討論合適的溝通地點與時間，這對雙方都是重要的課題。

四、良好溝通的要素

㈠**溫暖的態度、照顧和尊敬**：雙方若有充分的信任時，則彼此的開放和分享會是深沈的，可以是安靜和注意傾聽，也可以只表達愛或溫暖。批評及輕視則有害正向的溝通。

㈡**避免判斷**：溝通上最常犯的問題是過早下結論及判斷。由於性是人生活中的一部分，有其意見和想法，必須以開放的心態並技巧的察覺對方的看法。用字遣詞上，應避免以「總是」、「從未」或「沒有」等詞和對方溝通。

㈢**仔細傾聽**：通常一般人在聽對方說話時，都會先設想對方要說些什麼，自己又將如何反應，結果很容易使一些想法和概念變得表面化且漏失訊息。應讓自己先聽對方說了些什麼後，再想自己的回應。因此傾聽是主動的，不是被動的。

㈣**同理並了解感受**：同理的能力在溝通上是必須的。聆聽對方敘述時，應聽出他的內在感受並重新喚起自己情緒的經驗，如此一來便較能了解對方。兩個人若想溝通想法，首先必須分享情緒、同理對方，不要傷害對方。遇到不同意見時，同理較有助於釋放壓力。允許對方呈現感覺，也意識到自己的感覺，這是良好溝通的一個重要部分。

㈤**誠懇**：要溝通一件隱瞞的事，非常困難也難以處理。大部分的人能意識到表面及虛偽性，而以更正向的方式表達誠懇和誠實。

㈥**覺察及澄清**：我們通常會對他人語言的涵意做假設，甚至未對假設進行查證。因此除了傾聽外，良好溝通還須對所了解的部分做澄清。一個好的溝通必須有回饋的機制，如

「我所聽到的意見是……」或「你的意思是……」，如此才能修正遺漏的訊息。謹慎的用字遣辭及給予重點回應，而這些回應除了用口語表達外，其他如身體語言的運用都有助於溝通。

(七)**不要害怕沈默：**溝通停頓經常使人覺得溝通出現障礙及受到傷害，因此人們會使盡方法，用語言填滿這個間斷。事實上，沈默也是溝通的一部分，它可以表示親密與平靜。

(八)**注意「我不想傷害你」的陷阱：**在親密關係裡，遇到傷害的事必須共同面對，而不是由其中一個人獨自擔負，當然，有時一連串的對質是件不容易的事，但是它有助於排解壓力及釐清混淆。有的人會避免處理一些傷痛的事，因為他們害怕傷害對方的感受，但如此一來反而沒有解決問題。

(九)**運用自我對話的效應：**哪些話語讓自己覺得舒服愉悅，同樣適用在他人身上；一件事情的說法，哪些會產生正面的感受，哪些則有負面的感受，我們心中都很明白。若一個人對自己的身體所聽、所看、所感覺都是負面的，則其在性方面也不可能有正面的經驗；但若一個人可以和自己正向的對話，就能感受和伴侶相處的美好經驗，乃至愉悅的性經驗。所以，必須學習正向的自我對話，並且盡量充分運用於關係之中。

4 性別不同溝通也不同

一、男女大不同

社會學家塔奈（Tannen）及語言病理學家葛雷斯（Glass）做過兩項男女溝通的研究，發現男性和女性的溝通方法並不同。

塔奈以錄影的方式錄下不同年齡者與好朋友的溝通過程，發現女孩會直視對方並樂於談話的過程；男孩看來則有更多的階層意味，經常有領導類型的人會告訴其他人該怎麼做。男孩時常需要爭取他人的注意和對其他人進行挑戰，以維持中心位置；女孩喜歡在小團體裡成對出現，維持親密關係，遇到衝突時沒有所謂的贏家或輸家。男孩想堅持己見或遇到威脅時，會以暴力行為做訴求的手段，女孩則會試著經由協商和避免衝突以維持和諧。

成年男女更會因為文化背景不同，採取不同的溝通型態。女人會以贊同及意氣相通來回報對方；男人則不希望有接受命令或屈於低下的感覺，若遇到這類情況，他們往往會以口語或行動來表達拒絕。上述種種不同，可能導致男女關係的混淆及問題。

男人較少對女人談論其生活上的問題和困難，因為不希望對方看到自己的無助與焦慮；男人一旦遇上問題，總認為自己有能力處理。男人在溝通上，更常傾向於粗魯、大聲、命令、

強勢的運作；女人則傾向溫和、柔軟且表現更多的情緒和需求。

男女如何呈現各自不同的需求，是溝通上最感困難的部分。例如妻子要求丈夫不要喝酒，而丈夫誠實的回以無法不喝酒時，妻子會感到憤怒、傷心，雖然丈夫只是很單純的面對「無法停止喝酒」的情境，但妻子卻認為她的感受和希望沒有被重視。會導致這種情況，其實是因為妻子並未打開協商機制，畢竟「如何溝通」才是這件事的關鍵。男人比較傾向以清楚的方向和理由進行協商，因此確切掌握談論主題，女人才能進入與男人溝通的過程，如果不明白這點，則容易迫使溝通導入不愉快的境地。

女人以親密作為需求主軸時，男人會認為這是挑戰他的自由，而將這需求看成是命令並加以拒絕。

男人在公眾場所的談話會比女人多，在會議、團體討論或教室，男人也常第一個發問，且問題較多以及長時間占據發言。但在聽的過程裡，無庸置疑，女人傾聽的次數比男人多。在家裡，女人認為與伴侶的談話是一種親密關係的表達；男人則視談話為協商的途徑之一。當男人談他們的感覺和問題時，是視其為工作，傾向於解決問題的方向。

二、爭吵與僵局

爭吵來自彼此積累的不滿意、不開心的情緒，是即將破壞

關係的一個徵象。事實上，有些爭吵是可以促進關係的，端賴雙方如何化解爭吵過程中可能發生的僵局。

(一)**恐懼／憤怒**：男人感覺自己被批評或情緒激昂時會感到恐懼，且在情緒上流露不快，然後會表現退縮並變得沈默；同樣情況下，女人則覺得憤怒、不被了解或被遺棄。這時便很容易產生僵局。

(二)**結果／過程**：有問題要解決時，女人傾向強調過程，敘述個人的感覺；男人則以結果為導向，對過程的陳述感到焦慮及冗長，甚至不了解女人的敘述與用意。

(三)**超越權力／參與權力**：男人視衝突為一種競爭，且企圖藉機掌握權力甚或提升權力；女人則關心每一個人的聲音，希望聽到其他人的意見，她們認為權力是共享的。

了解男女面對爭吵的差異處，並運作有效的親密關係，就可試著消除造成僵局的因素。

性議題用語

一、隨時代變遷而開放

一般而言，與「性」有關的字詞常引起關心和注意，但這些特別的字詞經過一些歲月後往往產生改變，且改變速度相當快。過去在美國一般大公司裡，舉凡「leg」（大腿）、「bull」（公牛）、「pregnant」（懷孕）、「fowl」（鳥）、

「drumstick」（鼓槌）等字都被禁用，因為暗示著與「性」相關的聯想，如「鳥」、「鼓槌」之於「大腿」的聯想；公牛之於「他是動物」的聯想等。另外，「suck」（吸吮）這個字不久前還不被允許在公眾場合出現，然而現在卻是一般用來描述任何負面作為的字。這表示社會價值、觀念的改變，使得一些字詞不再局限於「性」的範疇。

二、男女性用語差異

從一系列性俚語可以看出，男性對「自慰」俚語的使用頻率高於女性，說的時候也一定是私下說，並規範了哪些字句是男性用的、哪些是女性用的。桑德（Sander）針對大學生的調查顯示，男性對自己的性器官稱呼為「小鳥」或「陰莖」者各占25％，而與伴侶一起談話時避免用任何性俚語者占17％；至於女性，則僅有8％使用「小鳥」一詞，有50％使用「陰莖」一詞，但仍有18.5％的女性不用任何性俚語。近年來則發現，一般對於女性性器官使用俚語的頻率高於男性性器官，男性又較女性常使用負面字眼形容女性性器官及自己的性器官。

另外，「性交」這個詞在1978年的研究中，男女都有超過10％以上的人使用。而「做愛」的使用更是普遍，女性占56％，男性則是32％。男性較女性更常用「fuck」作為性溝通用語。現在，用得最多的是「性關係」，而「性交」在平常使用的頻率變低了，除非是學術或專業的使用。整體而言，女性

對於使用性俚語較顯得勉強，而男性則傾向以輕鬆、隨性的方式呈現。

三、臺灣常用的性俚語

(一)男性性器官

1. **陰莖**：下面、小弟弟、小朋友、寶貝、陽具、雞巴、屌、老二、第五根、肉棒、棒棒、命根子、那話兒、那根、那隻、大鵰、雞雞、（小）鳥、香蕉、牙籤、砲管、槍、把、卵鳥（臺語）。

2. **龜頭**：頭頭、小頭、車頭、彈頭、卵鳥頭（臺語）。

3. **包皮**：肥腸、卵鳥皮（臺語）。

4. **睪丸**：蛋蛋、丸子、卵葩（臺語）。

5. **陰囊**：卵袋（臺語）。

6. **尿道口**：馬眼。

7. **精液**：洨（ㄒㄧㄠˊ），潲（ㄕㄠˋ，臺語音ㄒㄧㄡˇ）、鼻涕、豆漿、牛奶。

(二)女性性器官

1. **陰部**：下面、私處、那裡、小妹妹、小丘、三角洲、陰戶、陰穴、膣、屄、膣屄、胿屄、雞掰（臺語）。

2. **陰道口**：小穴（穴）、小洞、孔兒、雞掰孔（臺語）。

3. **陰毛**：烏拉草、森林、髮菜、刷子。

4. **乳房**：胸部、波、咪咪、奶子、奶、兩粒。

5. **肛門**：屎眼、小菊花、後門、後面、後花園、後庭、後庭花。

(三)**性行為**

1. **性交**：敦倫、床笫之事、魚水之歡、閨房之樂、行周公之禮、行房、洞房、交合、交媾、交歡、歡愛、做愛、愛愛、炒飯、嘿咻、做愛做的事、幹那檔子事、打砲、幹砲、相幹、搞、操、肏、上、幹。

2. **自慰**：手淫、手排、自撫、自摸、自娛、自己來、DIY、擦槍、打槍、打手槍、五姑娘、五個打一個、慰慰、摳摳。

3. **口交**：吹、吹簫、品玉、舔陰、舔肛、舔下面、舔（肉）棒、含（肉）棒、哈（肉）棒、吃（舔、含）香蕉、吞劍、深喉、浸茶包、吃蛤仔、六九、素卵鳥（臺語）、咁卵葩（臺語）、歕卵鳥（臺語）、呷雞掰（臺語）。

4. **肛交**：走後門、玩後門、玩菊花、操屎眼。

5. **群交**：三人行、一男兩女、一女兩男、3P、4P、大鍋炒。

6. **虐待／被虐**：S/M（sadism & masochism）、D/S（domination & submission）、調教、綁縛、滴蠟、鞭打、打屁股、灌腸、堵嘴、窒息式性愛。

7. **其他**：種草莓、手交、拳交、乳交（奶砲）、獸交、打野戰、車床、車震、電愛（電話性愛）、網愛／交。

㈣性產業相關用語

1. **提供性服務的女性工作者**：娼妓、妓女、公娼、私娼、暗娼、雞、野雞、阻街女、應召女、公主、公關、酒家女、流鶯、賣肉（臺語）、站壁的（臺語）。

2. **提供性服務的男性工作者**：牛郎、男公關、男妓、鴨。

3. **性交易買賣（賣方）**：賣淫、賣春、賣笑、應召。

4. **性交易買賣（買方）**：買春、叫雞、叫鴨、開查某（臺語）。

5. **提供性服務的場所**：妓院、妓女戶、應召站、茶室、茶店仔（臺語）。

6. **負責幫妓女找客人的人**：皮條客（臺語）、三七仔（臺語）。

7. **載運妓女到交易地點的人**：馬夫。

8. **表演脫衣舞的秀場**：牛肉場。

9. **從事性交的交易**：全套、大S。

10. **僅含口交的交易**：半套、小S。

㈤其他

1. **（陰莖）保險套**：安全套、避孕套、Saku（日語）、外套、套子、夜衣、雨衣、帽子、氣球。

2. **衛生棉**：蘋果麵包、麵包、茶包、方塊酥。

3. **月經**：大姨媽、好朋友、生理期。

4. **勃起：**站起來、硬起來、舉旗、升旗、搭帳篷。

5. **夢遺：**畫地圖、自排、流鼻涕。

性愛溝通案例與分析

1 我性冷感嗎

一、案例

　　原本以為他新婚之夜的自私是過度緊張使然，但接下來的日子卻讓我心灰意冷的發現他只在乎自己的情慾發洩。這樣的行為讓我根本無法享受性愛的高潮，我悲哀的想著我是否會成為有性愛而沒有高潮的女人。

　　習慣從報章雜誌獲取資訊的我，從一篇報導了解，夫妻間美滿的性生活必須靠彼此的努力學習與溝通。於是，我大膽採取主動行為，期望改變他那自私、想要就要的性愛模式。

　　我要讓他知道，女人多渴望做愛前溫柔的撫慰與事後的枕邊細語。我煞費心思買了幾套性感薄紗睡衣，並改變臥房的裝潢，塑造浪漫的氣氛，無非想在「性愛」前營造「前奏」溫存的浪漫。

　　那晚，我只開一盞暈黃柔和的小燈，在床尾的小茶几放上一壺據說可以催情的玫瑰花茶，當他洗完澡出來後，我已換上一件紫色透明的薄紗睡衣。這樣的刻意安排，讓他錯愕的反應不過來，竟問我為什麼要把房間弄成這樣。

　　我不知道他是不是真的遲鈍，當下因他不解風情而暗地氣

結。我故意撒嬌的告訴他，我們不曾這樣好好的聊天，但他的回應讓我徹底被打敗了！他居然說有什麼好聊的，說完把一杯玫瑰花茶一口喝盡，然後上床倒頭就睡。我刻意安排的浪漫氣氛，在他粗魯的一口飲盡後，全被抹煞了。

之後，他還是自私的只在乎自己性慾的滿足，聽不見我內心的怨懟，我不要這種品質惡劣的性生活！不要做永遠不知什麼是高潮的怨婦！我終於鼓足勇氣向他提出我的控訴。

我告訴他，我不要只是「進去」的做愛方式，我需要有被愛、被呵護的感覺，我要他吻我，吻我的頸、吻我的胸，溫柔撫摸我的乳房、我的身體。是大男人無可救藥的可憐自尊嗎？我知道他是，因為他竟然理直氣壯的告訴我，他做不到，他沒辦法做這種「取悅」、「服侍」女人的事；他甚至惡毒的指控我有性冷感的問題，不然哪會有這麼多要求。

老天啊！我是他老婆耶！沒想到他竟然說這種話。這令我傷心透頂的話，讓我放棄所有努力，也從此關閉我們夫妻間的溝通大門，悲哀的我，開始過著無高潮的生活。

我放棄所有努力，雖曾幾次有外遇的衝動，但終究克服不了保守道德觀念的譴責，偏偏自己又覺得以「自我安慰」的方式發洩性慾是極為骯髒的事，於是我逐漸對性愛變得麻木，痛惡的只想逃避，甚至我似乎相信他的話，懷疑自己是個性冷感的女人。

二、分析

在女人的心目中，性是浪漫的，是增進親密關係的輔助過程，它不是目的，也不是生活的重心。但是因為男人想要，她就必須學習投其所好，期待自己能愛上丈夫喜歡的活動。因此案例中的女主角，將注意力轉移到與性生活相關的文章，希望能從中獲取知識與方法。於是她去買性感睡衣，改變屋內裝潢、氣氛等，無疑是想先引燃自己的情緒，使自己能投入這場活動。

一次性愛活動的完成，除了兩個人要有共同的目標之外，對於其間的運作過程細節也必須有共識，例如用什麼方式做愛、在什麼時間地點做愛、在什麼情緒與環境的氣氛下做愛、做愛時希望對方能為自己做什麼等，這些看來瑣碎但卻一點也馬虎不得，否則一旦其中一方感到不自在，彼此對性愛的熱誠都會大打折扣。

有趣的是，愈是傳統型的夫妻，由於一個過於陽剛、一個過於陰柔，以致期望與事實差距懸殊，性關係失敗的苦惱與衝擊也愈行強烈。就如女主角將房間布置得浪漫時，男主角反問「為什麼把房間弄成這樣？」在丈夫的觀點，認為房間可以用，床可以睡，何必大費周章再花錢去布置；再說茶就是茶，烏龍、玫瑰有什麼差別？需要一口茶一句話嗎？那是留給哥兒們的，而且酒還比玫瑰催情呢！兩個不同性別的人，想法就在

這件事上展現極大差異。

在男性氣概的認定下，性愛被視為一種挑戰與色慾，而親吻、擁抱與撫摸則是娘娘腔的舉動，只要能使女人就範，性慾得逞，就是具有男人氣概的實證。因此當女主角要他吻身體、撫摸乳房時，他認為這麼做是取悅與服侍女人，當然會感到不屑了。

相反的，女主角認為性愛的意義是濃情與親密，對男人喉急與不近人情的態度感到難過與無法理解，雖然丈夫的性慾不減，始終興致高昂，但她只有被利用的感覺。結婚以來丈夫漫不經心的對待，使她的反感日積月累，結果就封閉了對性愛的感覺，用麻木及逃避來閃躲性愛。

事實上，女人並不是不需要性愛，她只是要一個有品質的性愛，而不是累積統計數字的性愛。另一方面，她又非常仰賴他人的給予，期望對方是一個有本領的情人，可以滿足她所有的需求。可是當這些想法破滅時，她的失望也就更大，怨懟也更深。

如果男人無法適時適性滿足女人性愛的需求，女人可以用自己的方式滿足自己，包含自慰；奈何有些女人終其一生不曾自慰，或不知如何自慰；甚至有些女人認為自慰是件汙穢的事，性的需求只能由男人來操持，於是在主動與被動的牽扯下，阻礙了雙方性愛的發展。另外也由於一些錯誤的觀念，使

得大多數男女都認為性交是使女人達到高潮的唯一管道，因此忽略了女性可輕易藉由自慰達到高潮的事實。

為改善現狀，此案例中的女主角應繼續尋求其他的時間、地點和丈夫溝通。此外，在性愛前先把自己的熱情引燃，透過性幻想驅使自己勾起過去曾有過的性快感，或可觀看色情片、書刊，同時輕撫自己的身體，用自己最愛的方式集中感覺，使自己先興奮起來，都不失為可行的方法。

二、迷惘夫妻路

一、案例

　　從小生長在充滿暴力的家庭，父母每天不是大聲爭吵，就是拳腳相向，吵架的議題永遠離不開錢，尤其每在學期開學前，更常為了湊學費的事，家裡成為硝煙滿天的戰場。於是我學會了靜默、不惹事，努力當一個用功讀書的好女孩。我半工半讀，自己賺取學費和生活費，雖然很苦，但憑著毅力終於完成大學學業，也認識了現在的丈夫。和他交往期間，相處的時間並不多，只覺得這個人不討厭，能言善道，樣樣玩樂都精通，個性豪爽，又很懂得討好我的父母，而且家境也比較富裕，讓我覺得嫁給這個人應該會得到幸福。

　　其實他並不是我的最愛，頂多只是喜歡罷了，但因我急著要遠離吵鬧的家，所以當他求婚的時候便毫不考慮的答應了。

婚後才知道他是一個性慾很強的人，而且性愛的時間已超出我的忍受範圍。這些日子裡，常為了一次性行為就去婦產科掛病號，實在有點兒丟臉，也愈來愈害怕他回家與我共眠。

在外地工作的他，一回家就急著做愛，但我卻很想和他聊聊家中近況，只是我也心疼他太久沒接近我，同時心想這是做妻子應盡的義務，便努力配合他，但並沒什麼太大的激情。

他看到我勉強的模樣，冷不防的丟下一句話：「會想碰你，你要感到高興才是，有多少女人，老公都不想再碰她們了！」我微笑著看他，摟了摟他，但心裡想著：「最好不要碰我，我會比較舒服。」

他為了引起我的興趣，租來一些影片，我好奇的和他一起觀賞，看到那些畫面裡只有器官的交合，沒有情節，一遍遍的重複，覺得噁心極了。他見我沒興致，也就關了電視。我看他這麼體貼，心想今夜一定是休兵之時。沒想到，他居然提出後交的要求。我驚訝的說不出話來，當下脫口而出：「我又不是狗，我不要！」然後，當夜就安靜過去。然而我一夜未眠，想著夫妻間的性真是這麼必要嗎？我這麼不喜歡性，這漫長的夫妻路要怎麼走下去呢？

二、分析

在暴力家庭長大的人，耳濡目染的都是口語叫囂和肢體暴力，學不到兩情相悅的溫柔對待，所以對身心親密的接觸感到

陌生，遑論親子或愛侶之間親密關係的表達。尤其老一輩的父母大多以衣食住行作為關心子女的方向，至於情愛話題是不可能談論的。此外，傳統社會保守觀念對女孩的期待是柔順、不惹事、安靜、不爭吵、聽話等要求，至於如何與家庭以外的男人相處，完全沒有人教導。家庭不教，學校更不會教，只能憑著電影情節或言情小說的描述，拼湊成一套戀愛、約會教戰手冊，邊讀邊運用。因此案例中的女主角不清楚自己到底要什麼樣的男人，只認為相處起來還不錯，經濟條件比自己的原生家庭好，又可以脫離家暴的環境就已足夠，完全以可見的資源作為婚姻的交易籌碼，並未認真思考內心的感覺，其實這時也不可能清楚自己真正的感覺。再者，依照傳統模式，交往一段時間後步入結婚之路，不致背負不孝的罪名，更是女主角結婚前的一個重要考量。

　　結婚不同於談戀愛。交往的階段，可以只有接吻、牽手或摟腰，有時這樣還贏得婚前守貞的美名，但結婚則必須有性生活，而性的引燃和運作需要學習。一般而言，男女對性的觀點和作為截然不同。傳統的女性是不能真正擁有性慾的個體，所以她不直接負起責任，並認為「性」是拿來「伺候丈夫的」。不論有多麼不喜歡、不願意，只要丈夫需要時就必須參與，而參與最大的動力只是為了使他高興，加上性愛活動會帶來生理病痛（感染）的不舒服及面對醫師的羞恥，更覺得這是件惱人

的事。

女人在小女孩時期就覺得性是件壞事，不可以學習（不論是看黃色電影、錄影帶、小說或漫畫），所以對性是空白、無知的。當丈夫要她一起觀賞所謂的A片及要求從後面性交時，她的反應是震驚、恐懼。純潔的女人不都是這樣嗎？於是婚後如遇到的老師（丈夫）對性事同樣認知有限，胡亂拼湊一些知識、動作就上場，那女人在這種男人的調教下，又怎麼可能會喜歡性，認為性是快樂的分享呢？就是在這樣的情況下，導致案例裡的女主角對性的一貫態度採取不主動、不拒絕、不溝通。

相對的，男主角也一樣，喜歡對性沒有經驗的女人，如此才表示這女人的清純、不隨便，並且也容易掌控。他自己有性慾但不性感，對性愛前的擁抱、撫摸感到不自在，認為那只是為達目標的應景動作，將這關係中的性愛變成工作而不是遊戲，以為所有的撫摸都應帶來性愛的結果，如果不是，一切就沒有意義，不舒服也不過癮。他不需要這些過程，卻期待女伴有熱烈的回應，像火柴棒一擦就點燃，而且應是熊熊烈火，如果只是零星火花，他會認為這麼賣力居然得不到預期效果，於是除了怪罪對方，也怪罪自己技術不好。可是想想，這男人選的女人既然是什麼都不知，又怎能渴望她對性有相當的享受及反應？如此的矛盾與衝突，便反覆出現在性愛生活裡。

他也認為「性愛」對女人而言是一種恩寵和禮物，女人如果拒絕便是不知好歹，也可能成為他將來外遇的藉口，所以男主角那一句話「想碰你，要感到高興」便在提醒女人：「當我的女人，不論我給你的是好是壞，你都該接受，不能拒絕，也不能感到不悅。」再不行，就親自調教，於是搬來教學的教材（A片），卻沒想到女人如此不受教。

性是享樂，但也可以成為報復工具，男女皆會運用。男人為了得到性會百般操縱女人，也會因為得不到性而故意忽視、冷漠女人，讓女人守活寡，或以暴力傷害女人；而女人則用性當作恩典或作為控制男人的手段。

三 累到不想做

一、案例

自從寶寶出生後，除了家務和工作讓我疲於奔命、大呼吃不消外，他的索歡更讓我備感乏力、疲於應付，在精神與體力雙重消耗下，我逐漸失去享受魚水之歡的愉悅感。我並不是討厭做愛，只是等忙完所有瑣事爬上床時，早已筋疲力盡，失去做愛的興趣。

面對他的需索時，我不知該如何拒絕這個夫妻之間應盡的義務。其實多了一個小寶貝也著實把他累壞了，因此小寶貝出生後，他對我索歡的次數也減少了。某個假日我們好不容易得

到空閒，將寶寶抱回婆家，讓獨居的婆婆含飴弄孫，他果然再度燃起性的欲望。

那晚在婆家，我和婆婆繞著小寶貝的話題聊到很晚，婆婆堅持小孫子和她一起睡，我落得輕鬆，心想可以安穩睡個好覺。我懷著輕鬆的心情回到臥房，見他無所事事靠在床頭，看我一進房便喉急的催我上床，我還來不及開口問為什麼，他隨即說我們已經很久沒「那個」了。

「那個」？我當然知道他說的是哪個。唉！他哪知道我只想好好睡覺，不過想想他也實在憋得太久了，我只能暗嘆口氣沈默接受。

他一如往常的替我按摩，吻遍我全身每一吋肌膚，說不出個所以然，我竟然感受不到火熱的快感，只是疲倦的想睡覺。

「你好像對這種事愈來愈沒感覺了。」他很不開心的說。

我有些錯愕。老天！我真的對做愛愈來愈沒感覺了，到底是什麼原因造成的？我真的不知道！是長期的家庭與工作壓力造成性愛的障礙嗎？

二、分析

性慾是身體及心理的一種狀態，無法用外在行為衡量，就像許多人不是真正想做愛卻仍照常做愛。對於性愛，有些人認為那是婚姻裡的一種責任，僅只是為了應付配偶的欲望，所以即使興致缺缺也願意配合；相反的，許多人內心的欲望比實

際表現更強烈，但因為勞累、壓力而沒有時間和機會更常去做愛。

案例中的女主角在工作與家庭的雙重壓力下，對性產生逃避，甚至覺得厭惡。事實上，她已經先行否定欲望的念頭與感情，以便消除自己對性的感覺；而在丈夫引燃的過程中、性行為開展前，她已把這欲望壓抑了；到最後，她不再用心，也無力享受性愛的前奏，只想快快完成性交的動作，就像肚子不餓（或沒有食欲）無法享受美食一樣。

另一方面，女主角也可能因為性事表現無法讓對方滿足，於是轉而將心力投入工作和家務，以外顯的忙碌和壓力來掩飾自己的不安，並藉此逃避伴侶的性要求，也避免討論性的問題。

為何對性愛提不起勁？所謂的「累」其實只是女主角表面上說服自己的理由，結婚後情感的降溫和變化等都是隱藏的因素之一。由於世人對於婚姻的期待是永恆與美好，受此規範與影響，每一對夫妻莫不如此希望。但性愛有時也像念書考試一樣，即使很努力學習和適應，就是沒法得高分。當自己的表現達不到對方要求，心中會升起一個念頭：我已經這麼沒興趣、沒能力，為何還要逼我呢？由此心生怨懟，時間一久，就傾向扮演性愛低能兒的角色，好讓對方死心，不再要求性愛。但是案例中的男主角，他的性慾需要得到滿足，雖然看到妻子累得

只想睡，然而他無法同理，只聽到自己的聲音——我要得到性。男主角為達目的，努力下了許多功夫，諸如按摩、親吻身體等前戲，但這樣反而讓女人愈覺得男人是性愛的動物，很難從中意會性愛是「愛」的中心動力。

　　性愛過程包含親密、歸屬、輕鬆、遊戲、歡樂、掌握、權力等的運作，但是人們往往只選擇掌控和權力。就像男主角硬要得到性卻得不到妻子相對的回應，於是展現權力加以告誡：「若沒有良好回應，就是失職！」如此更讓情感已不再熱烈的妻子感到罪惡，於是愈讓自己忙於家事和工作，企圖以盡責於其他方面來彌補本身性事的無能。這些潛意識的運作，當事者若未深入探究，就無法明白真相；表面上一切合情合理，事實上，「忙碌所以無力做愛」不過是個遮飾實情的藉口罷了。

4 性愛作業非做不可

一、案例

　　雖然保守的我在性知識方面很貧乏，但至少我知道男人的早洩往往是因心理障礙。為了幫助他解決早洩的問題，除去心理陰霾，我克服自己的害臊，化被動的矜持為主動的索歡。這讓他感到有些意外，但我未多做解釋。為了怕他控制不住自己的亢奮衝動，我體貼的先脫去他的衣服，然後用手愛撫他身體的每一吋肌膚，或許過於敏感，他的身體逐漸痙攣顫抖起來，

神經也隨之緊繃。

　　我怕他守不住，頻頻輕聲細語要他放鬆心情，然而顯然無法奏效。他沮喪的走進浴室洗去黏稠的液體，我不願意放棄想再來一次，但他卻懷著幾分惱羞成怒的不悅，背對著我而睡。

　　「去找醫生談談，好不好？」我怕傷了他的自尊，小心的勸說。他果然拒絕了。他不但不肯探討自己「乾脆俐落」的原因，更露出少有的氣惱，要我以後別再提找醫生的事。從此我們溝通愈趨不良，我也曾幾度想私下去買威而剛來解決他的問題，但礙於顏面，最後總是作罷。

　　就這樣，我們夫妻的房事像是純粹為了滿足他的需求而做，我根本無法從房事中感受到任何歡愉，長久下來，我不只感到麻木，甚至開始討厭做愛。

二、分析

　　「陽痿」及「早洩」之所以成為現今被濫用的詞語，是由於有許多統計分析及醫學檢視以此來釐定所謂性功能的「正常」與「不正常」，於是傳達出「正常的」男人應該做到毫無失誤的演出，並能有正確表演技巧的觀念；卻忽視了男人在性愛上的反應是要表達他自己的感受與真正的欲望。事實上，這兩個詞本身就極具汙辱性，甚至引起的焦慮情緒可以構成很大的殺傷力。

　　每一個女人都知道自己對性愛的反應，會隨著對伴侶的

感覺及當時的心境而有所不同，但她若要求伴侶每次都必須有「正確」的反應——勃起且能持續，卻不重視他當時的心境，將是非常不公平的事。

在這案例裡，男女主角都被世俗的觀念所教導，認為性愛有其標準動作與時間，而愈能持久的男人是愈被稱讚、羨慕的。尤其當今日的泌尿科醫師宣布，這些問題的發生率較以往高，是因為生理官能不良的結果時，更迫使人們追究生理問題，而將情感與心情的部分放一邊。

雙方忽視情感問題而只在性器官打轉，只會加劇性愛上的挫折，正如女主角雖然小心翼翼的建議找醫師談，卻凸顯將之當成疾病必須就醫的想法，而男主角憤怒的拒絕，則是因為他尚未釐清看醫師究竟是為了他的女人，還是本身的自我中心意識受到威脅。如果他承認自己的生理有問題，則無疑是向他的女人承認自己是個失敗的男人，那他的自尊及完美的形象都將毀於一旦。日後，他可能為了想證實自己不是如此不堪，轉而尋求不同的人選重新來過，以證實自己仍然是有性愛能力的男人。

對女主角而言，她想擁有一個有品質的性愛，而不是性交的單一動作；她希望她為他所做的，男主角也都能如法炮製回饋於她。令她失望的是，這些期待都落空了，但是性愛的作業不能不做，只好勉強交差！

　　男人與女人都是性愛中立場壁壘分明的犧牲者，卻將彼此性愛上的需求陰錯陽差的撮合在一起。他們同樣嚮往與期盼擁有熱愛、浪漫且繼續成長的性關係，不過到頭來竟是心力交瘁，美好的結果依舊可望而不可及。

檢視與評量

　　從上述幾個案例可以發現，要在床上談「性」是一件非常不容易的事。兩人過去的背景、價值觀和思考方式都截然不同，婚前約會談的都是風花雪月等不切實際的事，頂多編織未來美夢和規畫願景。戀愛的女人會對男人說：「我想為你生可愛的孩子，像你，也像我……」問題是，怎麼生？生幾個？不想生時，誰來避孕？可以墮胎嗎？不再相愛了，可以離婚嗎？性生活怎麼過？哪些性技巧可以用？沒人敢說。約會時的性愛，因為濃情蜜意，什麼都好，一到婚後卻什麼都變得不好。為什麼會如此？因為人都太偽裝自己，很多事沒有談開，縱然談及一二，也都為了討好對方而壓抑自己真正的想法，卻暗自認為一旦結了婚，所有自己訂的規則、信條，對方都該遵守，而且這些規則既然是社會大眾所認定，當然是標竿。但把不合理、不人性的社會規範釘死人的靈魂，也就影響了人的行為。

　　要命的是，婚都結了，還能怎麼辦呢？那就重新來看，先做一份自我評量，藉此檢視這段婚姻生活及相處模式。以下將

先評量雙方的情感與溝通情形，再進行態度和價值觀的量表測驗。除了要準備紙筆外，很重要的是對話，包括如何對話，以及對話前的準備，另外也請注意填寫後必須遵守的原則，這對雙方的溝通練習會有幫助的。

一、填寫評量表

下列的評量表可以協助促進你和伴侶之間的溝通。這量表是以4點計分，填寫時請不要討論。

	4	3	2	1
1. 他會照顧及考慮到我。	☐	☐	☐	☐
2. 他能顯示溫暖和愛。	☐	☐	☐	☐
3. 他能察覺及了解我的情緒。	☐	☐	☐	☐
4. 無論我是什麼樣的感覺，他會試著讓我說出來。	☐	☐	☐	☐
5. 他能聽出我真正的意思。	☐	☐	☐	☐
6. 由於他真心相待，所以我感受到他的誠懇。	☐	☐	☐	☐
7. 我們是對等的。	☐	☐	☐	☐
8. 對我及他人均不會遽下結論或批評。	☐	☐	☐	☐
9. 對我是尊重的。	☐	☐	☐	☐
10. 信任我及分享我的感受。	☐	☐	☐	☐

資料來源：Kelly, G. F. (2006). Sexuality tody-The human perspective. Mcgraw-Hill Companies, Inc., New York. p.260

二、互換評量表

　　填完評量表後，和你的伴侶交換看，在看的時候必須遵守下列原則：

㈠5分鐘內不要談論自己作答的情形，並在這段時間思考下列問題：

1. 為什麼伴侶會這麼寫，這是真實的回應嗎？

2. 這些分數使你覺得好，還是不好？

3. 如果自己對這回應感到驚訝是為什麼？若沒有又是為什麼？

4. 看一下值得你憤怒或防衛的題目及其分數，如果你覺得被傷害，允許這種感覺的存在。將這真實的分數放在心上，它可以讓你有更深的了解。

㈡當你準備好要和伴侶一起談時：

1. 必須找一個舒服的空間。

2. 分享你的感覺和反應，請注意不要對伴侶做假設與批評。

3. 花一些時間整理你所聽到的事實，並確定你真正聽進去了。清除任何伴侶對你的不了解之處，並再安排時間進行這件事。如果這項練習能促進你溝通的能力，問自己是否已朝這目標進行？你倆是否都決定朝這目標進行？

三、進行溝通

　　雙方要達成良好的溝通，應注意以下幾個原則：

㈠**不要操縱**：健康的溝通不須耍心機或操縱。在進行溝通前，回答下列問題，並寫下來。

1. 為什麼你想要溝通？

2. 在促進溝通上，哪些是短程目標、哪些是長程目標？

3. 在有關性的溝通上，你有未明示的動機嗎？如果有，是什麼？

4. 你確定可以面對溝通後可能造成的傷害嗎？回答之前，再回顧一遍前述的問題。

㈡**不要等待對方主動溝通**：溝通必須兩個人都有意願，不能只是等待對方採取主動。現在讓伴侶讀這部分，並和他分享你回答的問題，然後換成他與你分享。這設計是要兩個人都願意去談有關性議題的事。

㈢**對等**：針對下述問題，各自在紙上寫下答案，但在回答完畢之前，不要比較彼此的答案。

1. 你與伴侶是否都感受到不同？如是，哪一個是你想要的品質？

2. 當有不同意見時，你是否傾向給對方更多訊息？為什麼？

3. 你們的關係中，誰是命令型？誰是服從型？

4. 哪一種是你最想做的性接觸？

5. 還有哪些因素會讓你持續有不對等的感覺？

四、分享性態度和價值

㈠完成以下問卷量表，和伴侶談論雙方不同之處。如果討論
時感到生氣或有壓力就暫停溝通，先了解你個人的負面感
受，或許你感到受傷或威脅，這時應誠實的面對感覺並和
伴侶分享。

㈡如果你覺得對這些議題還是無法討論，或許可考慮尋求外
界的協助。

㈢都準備好了，就可以進行評量。計分如下：5非常同意，4
同意，3中立意見，2不同意，1非常不同意。

	5	4	3	2	1
1.自慰是健康、正常的性之表現。	□	□	□	□	□
2.年輕人的自慰是探索性感覺的方法之一。	□	□	□	□	□
3.性交行為未必須存在婚姻內，它是所有相愛的人分享愛的關係的一種權利。	□	□	□	□	□
4.只要兩人相互同意，性交行為是一種愉悅的身體活動，也是權利。	□	□	□	□	□
5.同性戀、雙性戀的生活型態都是可以被接受的。	□	□	□	□	□
6.同性戀、雙性戀者不應因他們的性取向而受到歧視。	□	□	□	□	□
7.只要兩位成人彼此同意，任何的性活動都是	□	□	□	□	□

可以接受的。

8. 成人會因其需要而購買及觀賞色情影片、光 □ □ □ □ □
碟。

9. 如有人在海灘裸體並不會造成我的不舒服。 □ □ □ □ □

10. 裸體的身體是漂亮及愉悅的，不須感到羞 □ □ □ □ □
恥。

11. 我可以自在的和他人在海灘裸體。 □ □ □ □ □

12. 女人可以像男人一樣擁有性的經驗。 □ □ □ □ □

13. 女人可以像男人一樣享有性的愉悅。 □ □ □ □ □

14. 正確的性訊息對所有的人（不論年輕人或成 □ □ □ □ □
人）都是需要的。

15. 女人可以像男人一樣有性的自信。 □ □ □ □ □

16. 醫師可以治療的性傳染病，不須告知伴侶。 □ □ □ □ □

17. 非預期的懷孕，可以藉墮胎處理掉。 □ □ □ □ □

18. 女人有權自己決定是否要墮胎。 □ □ □ □ □

資料來源：Kelly, G. F. (2006). Sexuality tody-The human perspective.
Mcgraw-Hill Companies, Inc., New York. p.40

肆 字裡行間的情愛

　　愛情的面貌多采多姿，而情書則是把愛情具體化並留下永恆回憶的媒介，所以戀人常常不停的「交流」，無論是用話語或文字；戀愛之前不停的「寫」，是為了認識對方，並讓對方認識自己；關係穩定之後還繼續「寫」，則是要讓感情持久增溫。

　　情書更是戀人溝通關係的重要管道之一，雖不如親密接觸那麼直接，卻是戀人約會道別後，牽繫想念、填補空白的最好工具。戀人藉情書的往來，傾訴各自獨處時的想念，然後在捧讀對方的情書時感受戀人處於身旁的虛擬情境，於是分手不再令戀人焦慮，獨處反而牽引下次見面時激情擁抱的動力，於是情書穿針引線成了愛情催化劑。所以有人說，情書是一首性愛的前奏曲。

1 情書的文字力量

　　文字的力量在於真摯情感的流露；情書的可貴在於愛的表達，而非詞藻的華麗與修飾。華麗的詞句並不能說明什麼，對於文字的控制也只是一種技巧，真正讓人動心的應該是真誠。因此，如何在情書中表達真誠就值得深入研究。

一、14位訪談者對情書的經驗及看法

編號	年齡	性別	婚姻狀態	職業	情書經驗
個案1	36歲	女	已婚	心理師	有
個案2	20歲	男	未婚	士兵	有
個案3	78歲	男	已婚	退休榮民	沒有
個案4	63歲	女	已婚	黨政工作退休	沒有
個案5	52歲	男	已婚	計程車駕駛	有
個案6	33歲	女	已婚	護理人員	有
個案7	26歲	男	未婚	研究生	有
個案8	30歲	男	未婚	上尉輔導員	有
個案9	28歲	男	未婚	中尉輔導員	有
個案10	25歲	女	未婚	藥物人員	有
個案11	40歲	男	未婚	醫護人員	有
個案12	46歲	男	已婚	行政人員	有
個案13	42歲	女	已婚	家庭主婦	有
個案14	16歲	女	未婚	高中	有

　　14位訪談者的年紀從16～78歲，女性占6位，男性8位；已婚有7位，未婚為7位；職業有心理師、軍人、司機、醫護人員、家庭主婦、學生等。其中有2位從未收過或寫過情書，有12位有過經驗。個案3，78歲的老先生表示，「寫情書是年輕人的玩意，我連戀愛都沒有談過，年輕時忙打仗，到了臺灣，又窮又老，哪敢追人，有人介紹就結婚了……」；個案4，63歲婦人表示，「年輕時談過戀愛，不過也僅限於一起看電影或吃飯聊天，沒有寫情書」；個案14，16歲女學生表示，「有一天有個男孩子託人拿情書給我，覺得他寫得很噁心，就沒回信」；個

案6，已婚的33歲護理人員表示，唯一寫過的對象就是現在的先生，不覺得情書有特別的意義。

二、是否保留情書？原因為何？

14位訪談者中，12位有保留，2位沒保留。個案11，未婚的醫師表示，「幾乎是我寫給別人的多，別人寫給我的少，分手後，就不想再留傷心的回憶，加上常搬家，也就丟了」；個案13，已婚的家庭主婦說，「婚前男朋友的情書，在結婚前用火燒了，就像是儀式，總覺得結婚後一切都不同，應該和以前告別，婚後是展開新生活，而且留著也對不起老公」；個案1，36歲的心理師表示，「未曾特別保留，放在娘家，也不想再回味，或許因為寫情書的那些人只是追我的人，並非我很愛的人，我先生是我同學，每天見面較少寫情書」；個案9，中尉輔導長，是個對自我形象非常沒有自信的人，他表示自從胖了20公斤後，就沒有女朋友，「對於情書，我分門別類，收藏得很好，也經常拿出來回味，我想我變得這麼胖，大概很難再交到女朋友，所以更要珍惜這些情書」。這些個案所提不保存情書的理由，並非針對情書，而是情書透露的意涵，他們認為情書代表舊戀情，會阻礙新戀情或新生活的開始，所以沒有存在的價值；至於保存很好的人，則將情書視為人生中美好的回憶，也是生命的必經歷程，雖然有心痛的回憶，但仍願偶爾回味年少輕狂的往事。

三、情書中哪幾句話曾深深打動你的心？

　　個案9，未婚的輔導長表示，「職業軍人生涯中不免有些苦悶，接到女朋友的信是最快樂的時候，有一次她在信中說『我要嫁給你』，讓我心動極了，恨不得立刻飛到她面前，向她求婚」；個案11，40歲未婚醫師表示，心動的回憶沒有，但心痛的回憶是「我對你已經沒有感覺了，我認識了另一個男孩子，我想以後別再聯絡了」；個案6，33歲的已婚者說，最感動的一句話是「我們結婚吧，生活有妳陪著，是我這輩子最大的幸福！」個案10，25歲未婚者表示，「我的情書非常厚，讓我感動的部分非常多，我很讚嘆當學生時怎能有那麼豐沛的情感，真不知道是怎麼寫出來的，我想現在已經寫不出那麼棒的情書了」；個案7則說：「我女朋友有次在信中說，我是他最重要的人，如果我離開她，她不知道該如何活下去，這句話讓我不敢輕易離開她，我想我應該會娶她。」

四、情書的意義

　㈠**情書是浪漫的回憶：**在訪談過程中，個案5覺得「那是年輕時候的事」、「自己也曾年輕過」；個案7表示，「第一次拿情書給她時才高二，很擔心她會寄回學校給教官，那我就死定了，也怕她不看信，真是既期待又怕受傷害」；個案9表示，「自從發胖後，就再也交不到女朋友！以前讀軍校時，同時和許多女孩子書信往來，感覺非

常溫馨,當心情不好時,就覺得被鼓勵與支持。回想到情
書,就很慶幸自己曾年輕過,自己也曾有人喜愛。」

㈡**情書是心靈的慰藉**:在蒐集資料的過程中,發覺有些已婚
者在婚後,當夫妻產生衝突時,情書是心靈的慰藉,也是
彼此衝突的緩和點,個案6說:「有一次和老公吵得很厲
害,心裡氣到想離婚,在整理東西時翻到以前的情書,好
感動。以前情話綿綿,一日不見,如隔三秋,突然覺得幹
嘛吵架,氣就消了。」個案1表示,「現在和老公的生活
非常平凡單調,有一次整理東西時,翻到以前初戀男友的
情書,覺得很溫馨,感覺自己也曾年少輕狂,生命也曾絢
麗」。

㈢**情書是心情的整理**:個案11認為,情書只是當時心情的表
達,或許在寫情書的那一刻情感豐沛,但可能下一瞬間情
感消逝,當時見證愛的情書卻成為可笑的紀念品。

㈣**情書是另一種溝通方式**:個案12認為有些不好意思親口說
出的話,用情書表達往往有意想不到的效果,「我比較不
會主動開口說甜言蜜語,但會藉情書說一些好聽的話」;
個案8表示,「我認為情書更能真實傳遞我的想法,因為
面對面時,我經常會緊張的說不出話,情書更能整理我的
思緒,傳遞我正確的心思。」

「如果有對象,你會再用情書表達情感嗎?」這是假設性

的問題，訪談者想藉此了解在網路傳訊發達的今天，受訪者是否仍會寫情書。14位受訪者中，有9位表示不會再寫情書，5位表示仍會持續用情書表達情感；但7位已婚者都表示不想再用情書表達情感，不過未婚者則表示仍有寫情書的樂趣。這結果頗耐人尋味，是否反映所謂的「婚姻是愛情的墳墓」，抑或在婚姻中，生活瑣事已埋沒了愛戀情趣？個案1說：「寫情書，等待的時間太久，有話直接用談的，比較方便。」訪談中，大部分人表示，現在已經進入手機或簡訊傳送時代，寫情書似乎是久遠以前的事。

二　現代情書的型態

一、手寫書信

　　工整的字跡、詞句的重疊反復、信紙信封的質感，再加上等待的心情，使情書無疑似一鍋熬煮的高湯，濃稠有味，讀來感受深刻，遐想無邊，對感情具有加分和增溫的效果。有人雖寫字不好看，但願意花時間親筆寫出那份誠摯之心也令人感動，與今日各種電訊器材發出的訊息相比，又多了一層浪漫的感覺。

二、電子郵件

　　隨著網路盛行，手寫情書變得稀有，取而代之的是流行的電子郵件（E-Mail），這雖然縮短了等待時間，但也少了親筆

書寫的質感。E-Mail可以同時複製給不同的人，更無法知道情書是否真正來自對方之手，何況情書傳送一旦變得氾濫，便不再具有深刻的意義。

針對大學生電子郵件使用行為與人際關係的探討顯示，大部分學生皆使用電子郵件，而男生比女生更早開始使用，一般每週使用電子郵件的平均時間約為3小時以下。

電子郵件不受時空限制，可以快速傳遞訊息，是吸引大學生使用的原因；而使用電子郵件與朋友交流時，較能有關懷、了解和分享喜怒哀樂的互動產生。電子郵件最常用於交換時效性和日常性的資訊，而一些較複雜的事，如討論個人隱私、消弭歧見，還是以見面為主，至於電話通常用於與朋友保持聯繫、交換意見。

三、手機簡訊

手機簡訊的流行顯示現代人喜歡快速而有效的情感表達，或許速食型的愛情模式使人不願意花心思在情書的書寫上，而較喜愛以代號來表達所要傳達的意思。表1為新世代透過簡訊傳情常用的代號。

表1　新世代透過簡訊傳情常用的代號

瓜語傳情			
西瓜	我愛你	胡瓜	糊裡糊塗愛上你
苦瓜	苦戀，愛你愛得好苦	美濃瓜	美麗而濃密的愛情

小黃瓜	希望你成為我的黃臉婆	木瓜	朝思慕想,思慕的人
麵包傳情			
白土司	純友誼	三明治	三角關係
波羅麵包	平凡中見偉大的愛情	炸彈麵包	期待就此開花結果
甜甜圈	你是我的甜心	冰淇淋蛋糕	讓我將你慢慢融化
數字傳情			
119425	你依舊是愛我	1240	最愛是你
12825	你愛不愛我	1314925	一生一世就愛我
1392010	一生就愛你一人	14517	你是我氧氣
14527	你是我愛妻	14535	你是否想我
14551	你是我唯一	1456	你是我的
145692	你是我的最愛	1457	你是我妻
147	一世情	1564335	你無聊時想想我
1573	一往情深	1594184	你我就是一輩子
165	原諒我	16537	你惹我生氣
1711	一心一意	18056	你不理我啦
18376	你別生氣了	198	你走吧
20609	愛你到永久	207374	愛你七生七世
210	愛你哦	21111	愛你一億年
21161	愛你一萬年	21170	愛你一千年
21184	愛你一輩子	2131999	愛你想你久久久
2137	為你傷心	21475	愛你是幸福
21863	愛你到來生	230	愛上你
234	愛相隨	241	愛死你
246437	愛是如此神奇	25184	愛我一輩子
25873	愛我到今生	25910	愛我久一點
259695	愛我就了解我	259758	愛我就娶我吧
5201314	我愛你一生一世	53720	我真心愛你
53770	我想親親你	53880	我想抱抱你

資料來源:數字密碼http://hk.geocities.com/cool_pcp/9-1.htm

情書的整體表現

一、情書與情信

　　廣義來說，情書與情信大致相同，都是表達情感的方式，但若加以細辨也有所不同。情書是一種抒發感情的書寫，可以沒有對象，可以寫給自己看，不一定要寄出，可以留待日後細細品味其中滋味，也可以讓書寫者在書寫過程中沈澱心靈，讓愛更加綿長，並浸淫於愛人的喜悅。情信雖也有以上功能，但唯一不同且重要的是要有對象，即一定要有收信人及書寫對象，不能是虛無飄渺的杜撰人物。

二、看情書與唸情書

　　情書的質感除了以文字力量營造之外，聲音的烘托也不可或缺。唸情書是一大享受，它使情書像故事有了背景音樂一樣，讓閱聽者不知不覺再次陷入書寫者的感情世界，並進而去感受、體會，深入彼此心靈，也使情書的內涵更為動人。

三、信紙與情書

　　包裝是給人的第一印象，在手寫情書盛行的年代，信紙選用會帶來不同的感受，若使用一般中規中矩的信紙會給人較成熟的感覺，太過花俏的信紙則顯得幼稚，若用作業紙就相當不尊重收信者，可見情書的包裝是相當重要的一環。

　　文字是一種美麗的符號，藉由解讀符號，融入雙方的意念，於是產生親密感、歸屬感，以及更深層的承諾。它具有私

密性，隨著情感的變化，情書的內容與展示也變得不同，而情
書中文字力量的發揮，須在情境相應時才得以淋漓盡致。

伍 色彩、衣飾與性感

打開衣櫃，滿滿的衣服卻不知道該穿哪一件，這是一般人常有的困擾，女性更常如此，甚至大多數女性都認為自己衣櫥裡的衣服雖然很多，但就是少了自己最想穿的那一件。為什麼找不到自己想穿的衣服？為什麼衣櫃裡永遠少一件？這其中具有什麼象徵意涵？人類穿衣服除了最基本禦寒蔽體的目的之外，同時也藉由衣飾服裝來與外界進行溝通。本章即以符號互動論（Symbolic Interactionism）的觀點，來探討人們如何利用穿著作為符號訊息和外界溝通互動，以及外界如何解釋這些穿著所傳遞的訊息並予以回應。

符號互動論

一、溝通的媒介

人與人之間的互動靠著符號，包含身上穿戴的衣服、飾品等都是與人溝通的媒介，可表現莊重、浪漫或性感等各種形象，也因穿著的時間、地點、人物的不同而有不同的意義，如泳裝在海邊代表的是輕鬆、健康與身體展現；晚禮服代表莊敬、隆重與華麗；家居服則代表休閒、自在與慵懶。當然，其中包含了語言、文字及各種符號形象的共同參與，使解讀更顯其多樣化的歷程。

人們以服飾符號與外界溝通互動包含兩部分，一是服裝符碼，一是服裝符碼所傳遞的訊息。所謂服裝符碼，包括織品的質地、顏色、樣式、大小、輪廓等；而其所傳遞的通常為多重訊息，很少只傳遞單一訊息，至於要傳遞何種訊息，則視時間、場合、情境、流行及社會文化等因素所傳達的意義而定。服裝除了可傳達多重訊息外，更有學者從心理學的完形概念來解釋服飾所傳達的訊息。完形概念強調整體的整合。人們表現出來並被知覺到的外觀，是一種透過質地、形狀與色彩的組合，以及各部分服裝的整合，所創造出來的形象化表達。

　　人們溝通互動的方式很多，透過服飾表達是其中一種非語言的溝通模式。與「服飾」這個名詞相關聯的有商業、流行時尚、成衣廠、廣告等，這些產業皆藉由服裝符號傳遞訊息，此外亦可透過一個人穿著的服飾外觀，了解其身分、年齡、職業、種族、文化等背景。

二、展現性吸引力

　　如將「性感」看成是一種藉由服裝來展示身體性吸引力的表達，無論女性或男性，性感都是藉由身體裸露或服飾遮掩性器官的程度來展現。身體裸露到什麼程度或服飾遮掩多少部分性器官才稱為「性感」，這隨時代、社會、文化和流行等因素而有不同。有的人認為若隱若現之間最性感，有的人認為脊、乳房、臀的部分裸露最性感。對於性吸引力，男女也有不同，

女人對於男人的性吸引力，多數人認為集中在胸、臀、背；而男人對於女人的性吸引力，性學大師靄理士（Havelock Ellis）認為大多數女人愛慕男人身體的有力或力氣而非外貌，他甚至認為最能打動女子歡心的男子往往不是最帥的。大多數女性亦認為男人最具吸引力的不是其外表，而是其身分地位或智慧、英勇等較抽象的特質。

性感的展現具個人特質與風格，而欣賞他人性感亦含有個人偏好。在社會互動上，適時、合宜的展現獨具個人風格的美與性感，有助於增進人際關係，並在互動過程中獲得良好的回饋。

三、體認身體之愛

服裝能改變一個人的形象，但也會讓人付出相當代價。以女性用來雕塑身材的束衣為例，許多女人靠它維持或擁有一副好身材——豐胸、細腰、圓臀，然而它亦讓女人的身體失去自由。流行服飾亦同，它讓女人呈現時髦形象，但隨之而來的是大筆帳單。諸如此類不勝枚舉，女人似乎注定失敗在這場身體外觀展演的戰爭中。然而這樣的情形無法改變嗎？佛利曼（Rita Freedman）認為我們都有愛自己身體的潛力，但和任何一種愛一樣，必須用心才能發掘這個潛力。她列出三點愛自己身體的方法，一是注意自己的生理需求，用關愛的心情傾聽自己身體所傳達的訊息（如愉悅、痛苦、飢餓、疲倦等），將會

知道它需要什麼；二是懂得享受身體能提供的感覺（如動感、審美觀、敏銳的觸覺與嗅覺，以及性等）；三是接納身體的一切，包括缺點和限制，並坦然接受自己的優缺點，認識自己既有的，不要企盼不屬於自己的，因為發掘對自己的身體之愛並非為了創造另一個完美的自己。

　　每個人都應該有身體之愛的體認，因為它是自我認同的一部分。自我外觀形象認同較佳者是屬於「水能載舟型」的人，而自我外觀形象認同較低者是屬於「水能覆舟型」的人。大多數女人被迫塑造成自我形象認同較低的人，不是認為身體的某部位不夠完美，就是認為它的形狀大小不夠漂亮、位置不對等。隨著時代潮流的演變，現在連整型美容都不再是女人的專利，男性亦開始受影響而進行美容整型。因此，教導人們開發身體之愛的潛能是必要的；開發這項潛能可以讓人們學會利用服裝等外表裝扮來展現個人魅力，並樂在其中，同時強化個人認同，增加自我價值，達成各種人生目標，如事業成功、人際關係良好、婚姻美滿等。

二　色彩的意象

　　人們透過服飾來表達自我並與外界溝通，而服飾符碼中，顏色是重要的一環，甚至亦可單獨作為傳遞溝通訊息的工具。以現代流行服飾的色彩為例，每年度都有一個流行色彩，這個

色彩是由世界各國的流行預測大師及流行主國，如英國、法國、義大利等，於上一年度或上上年度藉由篩選而決定；被選的色彩皆有主題，主題名稱大多依被選色彩給人的感受而命名。若某人身上的服裝色彩與當年度流行色彩所欲展現的概念相稱，那麼就可以說，這個人傳達給人的訊息是與時尚潮流相接軌，換句話說，就是這個人「跟得上流行」。

色彩傳遞的意象可分成兩種，一是感性意象，一是符號意象。所謂感性意象（affective meaning）是指我們可以有效的利用色彩向他人傳達內心想法，或布置工作和居家環境等；而符號意象則是指社會所賦予色彩的某種意義。表1是色彩的色相、明度、彩度所產生的感情性質，其中各色所顯示的性質即為色彩的感性意象。

色彩的象徵隨著輕度的色感、觀念、情緒與想像形成一個概念性，但並沒有理論上的必然性，可依時代而變化，也可因地域而異，或因個人差別而有所不同。而色彩的作用隨時影響我們的心理，也影響我們的情緒。

色彩也有性別之分嗎？以往人們會認為泛紅色系是女生的顏色，泛藍色系則是男生的顏色，這樣的分法最容易在嬰兒服飾上看出。現在我們對於這樣的分法，大多傾向認為這是社會對性別刻板印象所建構的結果，實際情形會隨著社會文化不同而有所改變，尤其是現代對於男性所使用的色彩已較以往多元

化，對於女性所使用的色彩亦突破傳統的概念。

　　透過色彩的色相、彩度及明度給人不同的感受，將之應用在服裝搭配上，就可給人千變萬化的感覺。利用服裝色彩的變化所造成的視覺效果，即可傳達個性、表現自我，同時也可以利用服裝色彩來改變身材視覺效果，提升自我體型形象。

表1　色彩的意象

屬性		感情性質	色列	感性意象
色相	暖色	溫暖	紅	激情、憤怒、歡喜、活力、興奮
		積極	黃紅	喜悅、喧鬧、活潑、精力
		活潑	黃	快活、明朗、愉快、活動、精力
	中性色	中庸	綠	輕鬆、安穩、年輕
		平凡	紫	嚴肅、優婉、神祕、不安、親切
	寒色	冷漠	青綠	安息、涼爽、憂鬱
		消極	藍	穩定、寂寞、悲哀、深遠、沈靜
		沈靜	青紫	神祕、崇高、孤獨
明度	明	朝氣	白	單純、清爽
	中	穩定	灰	穩定、抑鬱
	暗	沈悶、厚重	黑	陰鬱、不安、嚴肅
彩度	高	新鮮、活潑	橙	熱烈、激動、熱情
	中	悠閒	粉紅	可愛、親切
	低	穩重、老練	磚紅	穩重

參考資料：葉莱凤編著（1995），色不色有關係，頁23～24

二　巧妝美服的形象魅力

一、增添個人魅力

　　服飾對一個人外觀形象的影響不容置疑，針對個人身材優

缺點，不論豐胸或平胸、腰粗或細、腿長或短，都可透過服裝穿出個人風格。當我們面對一個人，除了整體外觀外，大多數人會聚焦在頭部，尤其是臉上。人的五官是保養品與化妝品廠商的競爭場域，商品五花八門，畫在臉上或穿戴在臉上，對個人造型而言，幾乎都有加分的效果。

化妝是一門美學藝術，它可以錦上添花，也能化腐朽為神奇；不論是濃眉大眼、粗鼻寬嘴，都可以透過化妝色彩的巧妙變化重新改造。

化妝能為女性帶來加分的效果，同樣的，亦能為男性加分。化妝一向是女性的專屬，近來由於流行時尚及媒體廣告影響，亦有專屬於男性的化妝品。男性化妝不若女性多樣化，大多在底妝、眉毛、鬍子等，色彩使用亦不若女性多采多姿，仍有其刻板印象的限制。無論性別如何，一張看起來令人愉悅的臉，足以在人際互動間帶來正面的影響。事實上，男人利用化妝改善外觀已是愈來愈普遍的趨勢，除了男性演藝人員普遍會化妝外，其他如政治人物為了上鏡頭、職場上因工作需要等男性，亦會藉由化妝替自己的形象加分。

不論性別，皆可藉由裝扮打造一種自信的美，增添外表的吸引力。藉由服飾營造的個人風格，加上化妝展現的自信，讓人們不再只看到自己身體的缺點，而是接受這個缺點，若再加以修飾、改善，並勇於表現自我，則這些缺點就不會影響自我

評價與自我認同。

　　處於個人主義盛行的時代，如何利用流行服飾展現自我獨特的風格，又不迷失於流行潮流是很重要的。善用流行服飾中較不退流行的款式，做多樣化的搭配，或是善用名牌服飾的售後服務，是個人節省金錢、提升個人形象與改善人際互動的不二法門。服裝的功用很大，可以讓我們變得更好看、更有魅力，或營造斯文、開朗等氣質，但它並非萬能。能「善用流行」展現個人魅力且穿著不失禮節的服飾，才是展現自我形象的最佳方式。

二、展現個人形象

　　每個人在社會上皆扮演著多重角色，而角色亦會因身分地位而有變化。人們會視不同的情境與需求，選擇不同的裝扮來創造、建立個人形象。何謂「形象」？簡單的說，就是我們對某一特定目標的內涵、外貌及言行活動，所做的一種反應、感受和評價的綜合印象；也可說是對於上述人、事、物等之各種客觀因素，所造成主觀反應的一種整體表現。個人形象其實就是一個人的外觀呈現的訊息，例如想到瑪麗蓮夢露或瑪丹娜，一般會把她們視為「性感女神」。個人形象是由決定「自我形象」、「別人眼中的形象」及「標準形象」等內在、外在種種因素統整而成，其展現方式有很多種，如外表、肢體語言、名聲、風采、溝通風格等。

　　形象也是一種符號，能喚起人們的情感，使人獲得認同。藉由不同的服飾可塑造不同的外觀形象，例如新聞主播穿上套裝以展現新聞專業形象；勞工穿著汗衫、工作褲以展現勤奮打拚形象等。因此，適當而巧妙的運用服飾符號，可以扭轉舊形象、塑造新形象，而讓自己在任何場合中無往不利。

　　Calvin Klein、Armani、Chanel、Burberry、Fendi、GUCCI、VERSACE、Lauren、NIKE等，都是大家耳熟能詳的服飾品牌符號，它們傳達的是上流社會、時尚、精品等溝通意涵；雖然多數人無法負擔高消費的精品服飾，但藉由一些普羅大眾有能力消費的品牌服飾，亦有異曲同工之效。莎士比亞曾說：「雖然酒好不需要招牌，戲好不需要收場；但若好酒再用好招牌，好戲再有好收場，豈不是錦上添花？」天生麗質並非人人皆有，但在不同的情境與場合中，巧妙的運用服飾來包裝自己、營造形象，則人人都可做到。因此，學習運用服飾作為溝通媒介來表達自我，包含外觀形象與性吸引力，是必須而且非常重要的。

空間布置的性表達

　　性愛環境美學是性生活美學的重要因素之一。充滿「愛的氛圍」的性愛環境，對性生活的質量具有重要意義。幾乎所有民族文化都以「臥房」為做愛地點排行榜的第一名，但這不保證臥房的性愛品質一定及格。談到性愛文化中的景觀設計，最先浮出腦際的必定是床，而且是雙人床，那就像是家裡的「性愛租界」。

　　臥房是想當然的做愛地點；一般關起房門來進行的性愛行為，不論是時間、方法、姿勢、反應和場面，講求的就是隱密性。臥室是一處蘊藏各種能量的空間，其中當然少不了攸關戀愛的磁場，千萬別小看它，只要懂得方法，知曉如何運用色彩、燈光、音樂、鮮花及芳香等，就能散發浪漫氣氛，使你成為催情高手。

　　家裡待久了想換個地方、換換心情，也可選擇飯店、旅館，享受旅店高級的服務，晚上或是聽風望月，或是品味美酒佳餚，隨著興之所至，做愛做的事。藉由不同於日常生活的環境，更能拋開瑣事，自在盡興，沈浸於充滿刺激、變化、溫存的感性中。

　　或是，天色漸晚，和愛人走進一處充滿慵懶樂音、昏黃燭光、舒適沙發、辛辣煙味與鮮豔色彩的空間，彷彿走入一個被

施了魔法的空間，於是不由自主的拋開混沌的思緒與疲憊的身軀，盡情釋放愛的欲望。這正是深具氣氛與品味之時尚瑰麗性愛空間的魔力。

1 網路空間與性愛

想像我們使用電腦的情景；我們把電腦放在電腦室、辦公室、家中書房或宿舍，然後一個人單獨面對螢幕，透過鍵盤或滑鼠工作、休閒或遊戲，由於操作上的設計，電腦成為一種「個人化」的使用工具，且透過電腦從事任何活動都具有相當的私密性。事實上，80年代由IBM提出的個人電腦（Personal Computer, PC）雖然是作為一種商品標示，但同時也說明了電腦成為個人化的「計算工具」，在人與機器的互動上（Human-Computer Interaction），使用電腦基本上是一種個人私密的經驗。

再想像置身網路上的情境「連線」之後，網路將一部部孤立的「終端機」串連成能夠進行溝通互動的體系，也串連起每一個在螢幕前的靈魂。在電子布告欄（BBS）、全球資訊網（World Wide Web, 簡稱WWW）、網路新聞討論區（Newsgroup）的網路活動中，一個ID就代表一個坐在螢幕前活動的「人」，一部大型主機可能有成千上萬人在其間穿梭。看不見的空間中，到處布滿由符碼磚牆和數位泥灰砌成的資訊

大樓，其中縱橫交錯的路徑通往一間間的檔案室；虛擬廣場裡，來自四面八方的「群眾」川流不息，大家各據一方、自成一圈的彼此交談、爭論，一起想像那個站在 BBS 肥皂箱上拿著麥克風的人……。

臺灣的網路空間中，BBS最能讓使用者覺得加入一種網路上的社群（community）；一群在網路上的人透過信件、張貼文章、對話等方式共同參與和討論，然而弔詭的是，所有線上活動的參與者，其實都是在各白私密的場所進行這種所謂的「公共參與」。

以 BBS 為例，我們似乎具體而微的在這種使用情境中看到「雙元的空間結構」，一個是電腦網路虛擬出來的「公共空間」，一個是使用者的私密操作情境，而使用者在網路上活動時，其實是置身在兩種不同情境的複合當中，也就是既私密又公開。這種雙元的空間特性在「匿名」或「多重身分」的機制下更進一步強化，往往造成「在幽暗處公開喊話」的詭異現象。即便發言者在網路上以真實身分示人，遵守「真實世界」中的言行規範，在網路空間的情境上，仍然存在這種雙元的空間結構。

然而，一連上網路就意味著進入「公共空間」了嗎？只要連上網際網路（Internet），立刻可以發現網路上充斥著各種主機（host），包含公用的、私人的與各種網路服務，數以萬

計的網路新聞討論區以及數量難以估計的主機，將網路切割成相互串連卻也相隔的形式。不同的BBS站由於屬性、定位的差異，自然會吸引不同的使用者，而各個BBS站又再細分成各種討論區，不同的討論區在板主及參與者的互動下，營造出不同的討論風氣，每一個網路使用者除了根據喜好擇取自己要看的板之外，也會從該板呈現的討論氣氛決定自己的發言與否，或參與的型態。於是，我們看到有些討論區像一個校園廣場，讓各種意見在其間對話；有些討論區像一個交誼廳或沙龍，成為某個社群交流的場所；而有些更小眾或特定議題的討論區，不僅參與者在其間培養了親密關係，整個討論區的氣氛也像一個私密房間或社團留言板。

虛擬實境（Virtual Reality）一詞，於1989年由美國VPL Research lnc.的董事長萊尼爾（Jaron Lanier）所創。用來描述電腦資訊空間中栩栩如生、令人沈溺的模擬世界。此一概念源於1965年蘇澤蘭（Sutherland）教授所提出之「終極顯現」（Ultimate Display）的想法，他希望透過電腦圖形的顯示，人們可以有如愛麗思進入夢遊仙境一般，感受到如同處於真實環境中。1984年美國科幻小說家吉勃遜（William Gibson）提出另一個名詞──網路空間（Cyberspace），它是指可以讓幾千人在全球各地同時體驗的電腦虛擬環境。全球資訊網於1993年問世以來，已經成為繼報紙、電視廣播、電影三大媒體之後的第四

大傳播媒體。全球資訊網著重圖像環境，許多人藉此才真正體驗到網際網路無邊無際的虛擬世界。

　　網路虛擬實境的性愛空間，其實亦令許多族群著迷，有好奇者、感情不如意者、「清純的」青少年等，早就在網路世界虛擬的性愛空間中從事模擬性工作的遊戲。何謂網路性愛？最簡單、也最為人熟知的一種網路性交，就是雙方以很快的速度打字，並且不時打出「喔」、「啊」等呻吟字眼，然後還騰出一隻手來自慰。網路性交也有它的特色，例如一個異性戀的男性可以在網路上偽裝成女同性戀，而和另一個「女人」發生性關係──當然那個「女人」也未必真的是美女，很可能是兩三個閒著沒事的老頭子一塊兒在網路上尋開心。進入網路性愛的另一個特點是方便，每天可更換不同的性對象，產生莫名的興奮刺激感與新鮮感。

　　由於網路具有匿名的特性，使人可以虛構性別、性取向、年齡、外貌、性格等，不過這些網路扮裝的效果並不只是好玩而已，還可能產生很多意想不到的「同理」效果。如果不滿足於只有文字對話，也可以透過簡單而便宜的攝影機，加上免費的下載軟體，在網路上互相見面。這類技術（即時影音傳播、視訊方式等）基本上和影像電話差不多，而且早就在別的領域中運用。

　　網路性交通常是一對一的互動，當然，網路的科技特性

還是可以創造不同環境的多人互動，例如設計虛擬的賓館或夜店、虛擬學校或公司、虛擬旅遊和虛擬表演秀等，再藉由某些預先設計的物件、劇情、事件或動作，大玩純粹文字或者圖文並茂的網路性愛遊戲，它的發展無限，唯一的限制是人類的想像力。這些虛擬性場所可以完全模擬真正的性工作場所，包括店內裝潢擺設、供酒、猜拳、喝醉、講笑話、轉檯、密道、交談內容、簽帳、調戲小妹或小弟、帶出場、警察臨檢等環境或情節，都可以預先設定模擬實況。成年人或青少年和來客透過交談互動而決定是否和來客出場（或者來客可以找到祕密臥房的鑰匙而當場性交），這種沒有裸體圖片的網路性愛，當然使取締網路色情的電信警察無能為力。

二 實體空間與性愛

性愛環境的好壞直接影響性生活的質量，若能偶爾變換性愛環境，將可帶來許多意想不到的快樂體驗。雖然一般而言，家和床是性生活的最主要場所，但如果把所有的性活動都限制在家裡的床上進行，那麼太過熟悉的環境就無法令人產生新鮮感。「做愛當然是在床上」的常規思維無法激發雙方高昂的性衝動和興奮感，久而久之就會產生性倦怠。相反的，如果偶然改變性愛環境、變更做愛地點，將能滿足內心對新鮮感和多變化的欲求，享受許多意想不到的快樂體驗。

一、空間變換與性慾

空間布置能激起性慾，女人的性動機較男人更容易受環境影響，所以臥室總色調應以女方的感受為主，一般宜遵循「相反相成」的原則，即色調要與女方在公開場合表現的性格特徵相反，熱情奔放的妻子應採細膩豐富的色彩，拘謹恬淡的妻子應採明朗歡快的色彩。選擇合適的性愛環境，將有利於挑動妻子平常不輕易流露的情感，營造最佳催情浪漫情調。

變換性愛空間常可以激起性慾，例如把做愛地點從床上外移到客廳沙發、座椅、毛毯、浴室等，往往能令人嘗到前所未有的新鮮感覺。電影「郵差總按兩次鈴」在廚房中進行性行為，當女主角正忙著烹飪時，忽然被男主角從身後抱住，這樣的感覺是十分刺激的。悄悄的走入廚房，從後方猛然將她擁入懷中，不須藉助任何語言，激烈的吻她，快速與她融合為一體，對兩人來說都是非常過癮的事。除了廚房，在桌上、椅子上都無不可，而由於桌椅比床堅硬，將更能產生新鮮的魅力。種種激情動作多少帶點粗暴的意味，但只要男方盡量減輕女方的負擔，必可享受到言語難以形容的快感。

變換性愛空間激起性慾的另一種方式是把性愛帶到家以外的地方；家裡的場所畢竟有限，而戶外的地點則有更多選擇。在戶外做愛具備許多家室內沒有的好處，因為外出度假、遊山玩水，可以忘卻來自工作和家庭的壓力、苦惱和焦慮，恢復心

理平衡和愉快心情，同時也能引燃可能熄滅已久的性慾之火。
許多研究發現，現代社會的種種壓力和焦慮，是人們性慾降低
的主要殺手，而外出度假、放鬆身心是治療性慾低落的一劑良
藥。

　　變換性愛空間對中老年夫妻尤其有好處。中老年夫妻性滿
足主要體現在性心理需求上，這一點和年輕人明顯不同，而不
時變更場所帶來的新奇感，恰恰能滿足他們豐富的心理需求。
這種方式有助於減輕因性生理衰退而引起的焦慮，從而把性趣
中心轉移到愛撫、娛樂和新奇的心理體驗。

二、 車床族的性愛空間

　　自從休旅車流行後，「車床」話題不斷，因為休旅車的
座椅最適合變車床。車床族的樂趣就在當車內翻雲覆雨的「移
動」身軀時，車身自然出現震動現象，形成「車震」；車內空
間愈大愈迷人，如此一來才能展露真功夫。車床舒不舒服，
平整度固然是重要考量，但符合人體工學才更是關鍵；座椅難
搞、手忙腳亂，變成車床的速度不夠快，無法打鐵趁熱，是最
大的問題。因此車床族理想的車內空間須具備平整的椅面、座
椅的泡綿要厚而軟、幾乎可完全傾倒的後座椅背，使頭、背、
臀、腿都服服貼貼，不影響四肢的伸展，還可輕鬆變換姿勢，
且活動時雖有明顯晃動的錯覺，從車外觀察卻不會有此現象，
則可確保車震防禦率達水準以上。另外，車內置物功能也要齊

備，如啤酒、香煙、情趣用品、音樂、保險套等車床道具不可少。

三、 汽車旅館的性愛空間

汽車旅館在西方國家是長途開車過程一個歇腳休息的地方，然而在臺灣卻儼然是性愛發揮的所在，充滿神祕、浪漫和刺激，多數在家裡熄滅的慾火都可在此重新點燃，所以從過去的「偷情場所」汙名不斷轉型，成為現在精緻與時尚的代表。一些醒目的廣告詞強調著「換老婆不如換地方」，意味不只是情侶可以來，夫妻更應該來。汽車旅館的陳設往往極盡舒適、奢華，尤其充滿性的挑逗，而各種不同風情造景的主題館和相關情趣用品，更無時無刻不在提醒入住的愛侶要珍惜時光，做人生愛做的事。

約會空間的演進

隨著時代變遷，約會地點不斷改進，從音樂咖啡廳、MTV，到汽車旅館、精品愛情旅館，因應每個時代的性愛需求，業者也無不絞盡腦汁希望創造最吸引人的性愛空間。想想沒有汽車旅館的年代，相戀的情人在何處依偎？民國70年左右，社會風氣不似現在開放，上旅館、賓館都是偷偷摸摸，深怕被人撞見；那時的學生也沒那麼有錢，音樂咖啡廳和MTV就成為半大不小的青澀少年帶女友約會的熱門場合。

以下是幾種約會場所的特色：

一、 音樂咖啡廳

幽暗的空間裡排列著一個個窄小的情人座，座椅椅背極高，看不清前後座的狀況，座椅兩旁雖緊鄰走道，但因燈光極暗，音樂又開得很大聲，所以能做些親密舉動，如說情話、牽手、親嘴等，而可以享有一段不受干擾的甜蜜時光。在音樂咖啡廳能做的事，現在街頭已經常可以看見，但在保守的年代，能找到這樣的私密空間，就讓熱戀中的情侶心滿意足了。不過，音樂咖啡廳畢竟不夠隱密，因此當MTV興起後，立刻受到熱烈歡迎。

二、MTV的私人包廂

到MTV的小包廂看電影，聽起來有個「健康」的形象，但「不懷好意」的男生卻多的是。雖然門上有個窗，沒關係，只要拿衣服擋一下就行了，門不能上鎖，就拿東西頂著，做好安全措施後，還有一個要訣，就是動作要快，穿脫也要方便；受這些條件限制，那就非體育褲不可，再配上穿裙子的女生，那簡直是天衣無縫。若萬一有不識相的服務生進來，兩人也可立即停止糾纏，在最短時間內回復看片子的姿勢。但情況弄得這麼緊張，還不如到賓館。

三、賓館

情人約會除了到郊外暗巷，也可以到所謂的「賓館」，因

此日本早已將約會的賓館巧妙改稱「Love Hotel」。臺灣早期的賓館等同娼妓招攬生意的主要區塊，看起來也很像娼館，裝潢俗麗且永遠充滿揮之不去的怪異氣味，窗戶永遠打不開，房間內的電視機總有超過十幾臺的解碼色情頻道。上賓館的目的原為追求隱私，但因與櫃臺服務人員須正面接觸，又須經由大廳穿堂而入，而有隱密性不足的缺點。有鑑於此，業者想盡辦法減少客人與櫃臺接觸的機會，像在櫃臺加裝不透明玻璃，讓選房間就像買電影票一樣，只透過下方的小窗口，付錢、拿鑰匙，不看到櫃臺人員的臉，就可避免尷尬。

四、汽車旅館

汽車旅館是目前所能提供最隱密的性愛場所，沒幾年時間，臺灣的主題式汽車旅館如雨後春筍般冒出，從北到南，大棟的主題式精品旅館成了臺灣建築的另一項特色。

㈠**第一代汽車旅館：**自從美國汽車旅館的經營觀念引進後，臺灣的汽車旅館也朝高級化發展；設在交流道邊，提供一個交通便利且可休息的房間，以保護客人隱私為出發點，一房一車庫，車子直接開到專屬車庫前，提供過路人使用，收費低廉，強調乾淨與舒適。

㈡**第二代汽車旅館：**轉而設置在省道與僻靜巷弄，避免設立在交流道邊的醒目招搖。開始擁有歐式建築外觀，並有浪漫的裝潢供男女歡愛。專屬車庫的原則沒有太大改變，

但是裝潢比第一代豪華，設備也更多更講究，例如按摩浴缸、三溫暖設備、加大空間等，比品味、比設備、比創意，成為汽車旅館經營的新趨勢。旅館營造模擬居所的氣氛，各家汽車旅館業者紛紛推出別出心裁的花樣，如酷似刑臺的「情趣椅」可變化幾十種造型組合；從天花板垂懸而下的彈性帶可讓人做出種種類似體操選手的性愛姿勢；模擬背景環境聲音的裝置，可避免接到查勤電話時暴露形跡。

(三)**第三代——城市汽車旅館：**不論軟體服務或硬體設施都已具備五星級水準，是偷情男女或一般情侶都能接受的愛情旅館，採主題式路線，某些旅館規模之豪華壯觀令人嘆為觀止。

(四)**第四代——精品旅館：**夢幻化的性愛空間，既不是賓館也不是飯店，更不願被稱為汽車旅館。販賣的不但是「按時計費」的休憩，更是一整套「性愛夢幻精品」。精品旅館強調品味與休閒，裝潢也從絢爛歸於純靜，以純白與米黃取代鮮紅，有不少房間是挑高設計，更有許多是獨棟別墅，房內也往往附有專屬電梯與游泳池。

五、愛情旅館

這是超級夢幻的主題式精品旅館，業者挖空心思，將不同風格、主題及特色通通搬進房間內，真實展現每個人心中美麗

浪漫、恆難實現的夢想。

㈠**風格各異**：有摩洛哥、峇里島、繁星夜空、山海景觀、地中海、三〇年代上海、南洋、凡賽斯、香奈兒、拉斯維加斯等各種風格，任君挑選。

㈡**主題繁多**：有童話世界、都會時尚、休閒陽光及科技未來等。已不只是一處提供休息或住宿的場所，而是期待藉豐富多樣的主題帶來更多的樂趣，如此耗費心思的空間布置無非想讓消費者在短短幾小時內性致盎然、美夢成真。

㈢**入門就是驚喜**：大門車道、櫃臺設計等都令人驚喜連連。例如所有男服務生都是體格健壯的猛男，而且都穿上蘇格蘭裙；所有女服務生的身材都比照空姐，並按季節換上不同的空姐制服，車道也繪上藍天白雲，讓人進入之後就有一種宛如搭機出國的感覺，然後進到一個完全異國風味的房間。

㈣**宛如走進未來**：汽車旅館為了尊重客人隱私，因此顧客大多很難碰上服務生，對於房間設施若有不懂，就算碰上，也大多不好意思詢問。因此，最新科技汽車旅館的每個房間都有契合該房型主題的光學人影，只要一進入房間觸動感光設施，這個由真人影像拍出的光學人影就會出來歡迎客人，並針對房間設施進行介紹。

㈤**尊重隱私**：地下室有足夠且獨立的停車格，每個停車格三

邊都有高牆圍住，內設電腦螢幕，需要等待房間的情侶可以將車直接開到地下室隱密處，等到有房間時再透過電腦螢幕直接指引，不會有車子在大馬路上排隊等待的尷尬場面。另外，設有義大利餐廳、日本料理餐廳、露天咖啡館，以及麵包店、精品店等，外觀與一般五星級飯店無異，不過餐廳座位都是雙人包廂，情侶到此用餐完全不受旁人干擾，點菜時也不會有服務生在旁邊等待或打擾，而是透過桌上的電腦螢幕自己點菜。同時附有相關的防偷拍、KY潤滑劑、保險套、威而柔、無香味皂（清潔身體的功能與一般香皂相同，但洗後身上沒有任何香味）、汗臭味皂（可清潔身體，但會混身有汗臭味）、情境音效（為了方便家裡和公司會查勤的賓客，還設有背景音效的服務，包含捷運站、會議現場、百貨公司、打麻將等數十種背景聲音，面對各方打來的查勤電話時，是相當不錯的掩護）、背景音樂、情趣配備（汽車旅館的入口或房間內，附設情趣用品販賣機，裡面從跳蛋、按摩棒到情趣內衣、SM服裝，應有盡有。對不好意思在外面情趣商店購買，又想試試這類商品的人，是一大便利）等，一應俱全。

㈥**形象完全改觀**：企圖徹底擺脫偷情與色情的形象，成為一個既是情侶纏綿築愛的空間，卻又可以是商務飯店，更可以作為家人、朋友歡聚及各型宴會的地點，或是單純度假

休閒的場所。

４不利性生活的空間布置

床和性愛的關聯似乎天經地義，如同日本性愛特殊文化中充滿稻稈編織、硬邦邦的榻榻米與藝妓氛圍，而中國式的羅幛錦被、紅燭搖曳則會令人想到「素女經」裡的場景。不合適的空間布置會直接影響性愛活動的質感，因此應注意不利性活動的空間布置。

一、床的式樣、造型

避免看起來太過生硬嚴肅的床。如電影「英倫情人」那種歐洲中古式的高腳床、精細的雕紋、白色紗幕，比較適合朗誦詩集，想在這類床上達到高潮，可需要一番力氣。

二、布置的顏色

顏色和健康有關係，黑、白、紅等強烈色彩容易引起緊張情緒，宜避免；而藍色等寒色調在色彩學來說，有引起恐懼不安的冰冷感，容易讓雙方的熱情消減。醫學研究發現，紅色最容易挑起男性的性荷爾蒙，但同樣的，也會導致血壓升高、腺體分泌旺盛，如同公牛看見紅巾的反應一般。因此，在大紅床單上做愛，最好攜帶血壓計上床，隨時量一下血壓。地板顏色不要太黑暗或大紅，易使人脾氣暴躁，口角多。

三、室內溫度

親熱時，人體肌膚會緊密接觸，而人的體溫會因環境溫度產生變化，因此室溫過冷或過熱都不好，保持舒適合宜的溫度能讓做愛更為享受。最好的室溫是在攝氏20～23度左右。

四、隔音效果

做愛是隱密的事，誰都不願讓他人聽到兩人做愛時的談話和發出的聲音。如果伴侶在做愛的時候大聲喊叫或說話，難免被別人聽見；解決問題的方法是鋪地毯、掛厚窗簾，若是因牆薄，則應裝隔音板。

五、裝飾圖案或圖像

若床單印有寫實的動物圖案，使兩人做愛即將赴高潮時，感到有一尾孔雀魚正凸著眼窺視，也許會造成男人「疲軟」的反效果。

如何布置性愛空間

做愛的環境就像劇院，只要舞臺道具安排得當，想像自己沐浴在舞臺中央的聚光燈之中，任何一場演出都會光芒四射。好好規畫自己的表演空間，使空間裡的每樣道具都能協助演出，提高演出品質。

一、顏色

人們接受事物最直接的視覺刺激就是顏色。善加利用色彩

對心理的影響，可作為催情利器。居室中的顏色是人與環境的協調工具，也是人們生存空間的背景，因此處理好顏色關係，是營造空間氣氛的關鍵。

性愛空間色彩布置的原則，最重要的是穩定感。在不同的空間應有不同的色彩搭配系統，但盡量避免使用刺激性的顏色，也不要大面積使用沈重的灰色，否則會影響室內照明。家具、燈光、陳設也應與之相協調。例如新婚洞房採用淡紅色調較合適，給人以歡快、喜慶的感覺；客廳想要營造出活潑趣味的感覺，就可以選擇對比色或輕快活潑的圖案；至於需要靜下心來的書房，寧靜和諧的色彩就是最好的選擇。

此外，抱枕、靠墊、窗簾等都是可以運用的素材，如果自己對空間配色不是太有把握，只要選擇一兩項色彩鮮明的配件，也都能收到畫龍點睛的效果。無論是選購還是製作小擺設，都應注意其色彩必須盡量和房間色彩協調，如青、綠、紫等冷色調的牆面配上紅、橙、黃的點綴品就可以取得賞心悅目的效果；而暖色調的牆面配上冷色調的擺件，也能生動的烘托主體。放置擺設品時，應避免呆板的行列式擺法或對稱式布局。可在大小、材料、形態上有所區別和變化，充分運用色彩、明暗、冷暖、質感的對比手法來造成鮮明突出的效果。

二、燈光

燈光調配能更添幾分性愛浪漫的氣氛，柔和的色調可以

舒緩情緒。在同一個居室內，仍可視情況調節燈光為全明、微暗或全暗，都能令人產生不同的情懷。此外還可以運用燈色變換的效果，例如覺得日光燈或電燈泡太過單調無聊時，不妨改成其他顏色的燈光，像紫色或紅色燈光都很有氣氛。即使在自然光下，也能利用窗簾尋求變化，使用淺色窗簾能使光線變柔和，質地輕薄且高透光材質則可輕易製造空間感及透光感，多點浪漫神祕。根據性心理學的研究，昏暗的燈光可以激發和增強男女雙方的性慾。

明亮、溫暖的光線能讓人鬆懈防備；住家的採光好，心情自然會開朗；光線不足的部分，可用黃色光和白色光相互搭配，創造豐富的空間變化。盡量少用螢光燈，螢光燈的光線偏冷，易破壞室內溫馨氣氛。臥室裡的燈具盡量選用亮度可微調的壁燈、檯燈或吊燈；做愛之前，可將其調成昏暗柔和的光線，創造一種朦朧的意境，此外也可以利用蠟燭微弱的光暈製造浪漫的氣氛。根據性學家的研究，夫妻或情侶在柔和的光線中觀察對方性喚起時的狀態，及個人的性生理反應，可以強化雙方的性興奮。

視覺享受是刺激男人性感官最重要的一環，但是在明亮的光線下做愛，大部分女人都會害羞、容易緊張，當然也不能盡情享受性愛。但若將燈光全部熄滅，卻會引起恐懼和不安，造成雙方高度緊張。最好的光線是間接照明，柔和昏暗，例如

將天花板的大燈關閉，保留壁燈、走道燈、床頭燈或是梳妝檯燈，並將這些燈的光度調暗一些，讓雙方看起來有點清楚又不會太清楚，如此一來，男人滿意，女人也不會太尷尬。

大多數的女人習慣閉著眼睛做愛，她們認為在黑暗中才能感受到更廣闊的性愛空間，可以聯想許多讓人愉快和動情的事，因而也就更加興奮。另一個重要的原因，可能是大多數女人擔心自己的臉會因為性興奮而變得扭曲難看，若在黑暗中這些都可以得到掩飾。

三、香味

香味能挑逗嗅覺，魅惑潛意識，增加性慾，是隱形的春藥。瀰漫著香味的臥室可促進做愛的氣氛，香味蠟燭、香水等均可營造臥室的性感氣氛。當然，最重要的性感香味是伴侶的體香。我們很容易就將嗅覺視為理所當然。事實上，嗅覺薄膜是人體中央神經系統唯一與外界直接接觸的地方；人類其他的感應知覺全都始於視丘，惟有嗅覺是在腦邊緣葉中進行，這裡是人類大腦最古老的區塊之一，同時也是支配性慾與感情的所在。所以泡杯咖啡，讓濃醇的咖啡香縈繞愛的小窩，可拉近兩人的距離，升起愛慾的旖旎感覺。

芳香療法中，有關催情精油的記載不少，某些精油能促進羅曼蒂克氣氛的說法也廣被接受，不過這類精油的使用似乎僅限於兩情相悅的情侶，如果是互看不順眼或根本不來電的男

女，再怎麼用精油恐怕也催不了情。根據一些芳香療法書籍的記載，某些特定的香精，例如玫瑰、茉莉、馬尾草、天竺葵、橙香、檀香、丁香、百里香、迷迭香等，都具有催情的效果。基本上，想要製造浪漫有情調的情境，可調配兩、三種上述精油。如果擔心自己太過衝動，記得準備一瓶「馬荷蘭」精油，可以抑制性慾，讓你懸崖勒馬。如果點一盞芳香精油太明顯，那麼也可以輕灑幾滴在檯燈的燈泡上，燈泡的熱度同樣會使香精揮發而飄散挑逗的香味。

四、音樂

音樂可增添浪漫氣氛，幾乎任何一種音樂都適宜用在前戲，包括瘋狂的搖滾樂或黑人音樂，取決於個人的品味和當時的心境。柔和的音樂節拍則適合緩緩起舞、相互緊抱，是讓性慾流暢的極妙方式。原則上前戲愛撫時，最好是聆聽溫柔的輕音樂或是自然音樂，讓雙方輕鬆的漸入浪漫佳境；而沒有歌詞的純音樂更適合搭配做愛進行式。但真正進入性器官相結合時，則以節奏強的音樂較能帶動血脈急流。

一陣翻雲覆雨，激情過後的鬆弛、平撫與回神，則適合蕭邦所有的鋼琴「夜曲」。夜曲具輕緩、訴情的特性，有助於營造氣氛，從肉體上的歡愉回復到情感的交流與昇華，使身心靈合而為一。

五、裝飾品

　　裝飾品是個人色彩最濃的部分，好的裝飾品不但可以烘托氣氛，而且可以展現自我。牆面掛飾宜精不宜繁，應注意保留一定的牆面空間。掛飾的選擇要注意與牆面色彩相互協調，特別是鏡框，如蘋果綠牆面配金色框、藕荷色牆面配白色框、白牆面配奶黃色或淺棕色框等。老式的家具可搭配厚重、富麗一點的鏡框，現代化的家具則可搭配簡潔、輕巧、淺淡、明亮一點的鏡框。植物不僅可以當作陳設，還可以用來填補室內空間的死角。只要構思巧妙，一叢綠葉就可以營造出一個輕鬆的空間，為室內增添生機。

　　另外，床墊的選擇也很重要，硬的床墊，較適合做愛；床上放幾個枕頭，亦可以讓性愛過程更加順利美好。

六、鏡子

　　鏡子，滿足人類偷窺的欲望。很多人喜歡透過鏡子觀看自己做愛的過程。在做愛空間內的適當地方裝飾鏡子，或在錄影機前做愛，可說是非常刺激的經驗，原因是能夠看到雙方的一舉一動，也有助刺激身體反應，這就如同許多男人喜歡對著鏡子手淫一樣，都是出於一種「自戀」的心理。無論男人、女人，都有窺視別人做愛的好奇心，因為性愛是私人的祕密，是不公開的，若有大鏡子讓當事人看到兩人性愛的過程，將有助提升性興奮。

　　人類有追求情慾的動力，性應該是令人興奮的，有時候小小的改變，例如從明亮變成黑暗，就足以激起性愛的火花。要做個性愛智商高的人，第一步建議要勇敢的走下床，別把性活動局限在臥室的床上。對於不太好意思提及做愛的夫妻，空間布置在性愛中扮演著重要的角色，可藉床單的聯想作為暗示。譬如，妻子早晨心情似乎很好，又換了一床粉紅色的床單，就有可能是暗示「親愛的，今晚我想要」。

　　雖然很多人在臥室以外的地點進行性愛活動，遺憾的是，很多人的臥室性感氣氛不夠，對做愛的情緒有不利影響。不妨多費些心思、花點精力，營造或挑選鍾愛的環境，讓空間布置為愛與性感氣氛加分。

情趣用品

　　性慾和食慾有著類似的功能，餓了就會想吃，美味讓你心滿意足，而性愛不僅為了傳宗接代，美好的性愛更能產生幸福感與滿足感，同樣為生命帶來無限的動力。只要想想「享受美味」帶給你的意義，對於「追求高潮」也就不是那麼羞人的事了。享受美味要有好的食材與手藝，追求高潮同樣需要好的工具與方法；但由於社會建構的保守阻力與個人欲望的趨力讓情趣用品備受爭議，它的曖昧性不只在於它不可被公開談論、不可被大方觀看與使用，更在於看了不能聲張、用過不能說讚，一切都得在檯面下進行、快速交易，只可意會、不能言傳。接納自己的性慾並不容易，大多數人一開始並不覺得自己有權享受性歡愉，當掙扎著認知並滿足欲望時，才明白性慾是自己的，必須自行探索與表達，並視它為生命中最大的能量與創意來源之一。

情趣用品的發展

　　性用品被界定為稍具色情元素的用品，因此歐美等國以「sex assist」、「sex aid」、「sex toy」稱之，即「性輔助品」、「性玩具」之意；而在臺灣，業者透過「情趣」詞彙意義作為包裝，因此產生了「情趣用品」這個名稱。情趣用品是

多元的，它並不是近數十年才有的產品，在中國古代，性工具也很發達。

千百年來，性工具在中國大量使用，這和當時的社會狀況有密切關聯。其中因素包括下列幾種：

一、上層階級妻妾眾多，要用性工具來緩和與解決眾多女子的性慾。

二、寡婦守節成風，午夜難眠，就用性工具聊以慰藉。

三、性功能障礙者和喪失性功能者少不了它，如太監往往和宮女結為「菜戶」（假夫妻），兩情繾綣時只好使用性工具。

四、明清兩代海運開始發達，廣東、福建一帶民眾出海謀生較多，妻子獨守空房數年，所以用性工具較多。

二 現代情趣用品種類

一、按摩棒

現代的按摩棒是由美國的喬治・泰勒（George Taylor）醫師發展出來的，他於1869年發明一種以蒸汽帶動的按摩器。到了1900年，已經有各種振動按摩器供醫師使用，主要用來作為治療女性「歇斯底里症」（hysteria）的醫療器材。當時歇斯底里症是個概括性的診斷說法，包含許多種女性病症，從簡單的心理暴躁易怒到肉體上的衰弱病痛，許多醫學專家認為這是

性生活長期慾求不滿所致。治療方式是用按摩棒按摩病人的生殖器，讓她們在臨床醫療中產生高潮，藉以治療歇斯底里症。隨著時空交替，按摩棒已從治療儀器演變為性的愉悅工具，現代女性終於有權享受愉悅的性生活。一個世紀前，佛洛伊德（Sigmund Freud）的理論把陰道和陰蒂兩種高潮分開，認為前者優於後者，陰蒂被棄若敝屣，現在終於平反了。

(一)**按摩棒的分類**：按摩棒有兩大功能，一是按摩陰道壁的充實效果，二是刺激陰蒂的高潮效果。可分成兩類：

1. **插電式按摩棒**：現代女性只要有一個插座與片刻空間，幾乎隨時可享受高潮。包含三種類型：

(1)**手杖型**：它強力、持續振動的刺激比其他情趣用品更能確保達到高潮。

(2)**充電型**：是手杖型的衍生版，內建可重複充電的鎳鎘電池。只要充好電，拔掉電線，就可以享受大約半小時不受限制、翻來滾去的樂趣。

(3)**線圈型**：造型像是手提式攪拌棒，內部裝的是電磁線圈，而不是動力馬達。最大的優點是幾乎寂靜無聲，適合會被噪音分心或擔心被家人聽到而尷尬的人。

2. **電池驅動按摩棒**：形狀與款式很多，大致可分為兩類：

(1)**雙重火力按摩棒**：有「王中之王」的稱號，由兩個部分組成，包括插入陰道用的旋轉式主幹，以及如跳跳兔的

陰蒂刺激器。

(2)**電池硬漢：**包括子彈型按摩棒（如跳蛋）、迷你按摩器、G點刺激器、防水按摩棒、遙控按摩器與「免持」按摩棒。

(二)**使用按摩棒的顧慮：**許多初次購買按摩棒的顧客擔心按摩棒介入性生活就像打開「潘朵拉的盒子」，害怕胃口會被養大而有許多顧慮。以下分別說明：

1. **我會對按摩棒上癮嗎？**

這種誤解始於鄙視性愛的觀念，認為性愛只是為了傳宗接代而非追求愉悅，所以享受太多快感會像染上惡習般令人上癮。其實性愛只是一種嗜好，各種嗜好之間可自然達成平衡，有時厭煩，有時又渴望。有些人擔心如果讓自己接受愈來愈多的性快感，將深陷其中無法自拔，但事實正好相反——若欲望無法獲得滿足，反而會耗掉所有精力去壓抑欲望。迷上會震動的新玩具不見得就會丟下工作或忘記照顧小孩，反而可能更專注於所做的每一件事！一個人能享受的愉悅是沒有上限的。

2. **按摩棒會讓我感官變遲鈍嗎？**

長時間震動可能使生殖器感到短暫的麻木，就像其他性行為一樣，可能用按摩棒折騰了一整天之後發現下半身痠痛，這只是提醒你下次別弄這麼久罷了。敏感度會復

原,很快又會生龍活虎的。

3. 我會被按摩棒取代嗎?

　　某些男人常有的恐懼就是他們的愛人對按摩棒上癮,再也不需要他了。按摩棒跟一個愛自己的人完全是兩碼事。放心,仍然會有人需要你、欣賞你、喜歡跟你維持健康的關係。你是她的情人,玩具無法取代一個活體的情慾,也無法提供她需要的情感與心理聯繫。在你們願意開放嘗試的前提下,玩具才可以提升你們的關係。

二、假陽具

　　根據「American Sex Machines」一書,中古世紀就有手工製作的假陽具行銷全歐洲,義大利為生產重鎮,當地人稱之為passatempos或dilettos,後者流傳到現代,演變成英文字dildo(意為愉悅)。假陽具和按摩棒的差別在於,它不是利用馬達原理,因此必須以「手動」運轉,男女都可用來插入陰道、肛門或嘴巴。可分成下列類型:

(一)**寫實形狀:**模擬細緻的血管突起和假睪丸,多半用矽膠做成。目前最新的材料則有非常逼真的人造皮膚,它的核心密度較高,外層密度較低,所以摸起來好像堅硬的主幹上有一層柔軟的皮膚,而且由於精細的模塑與配色,看起來很像勃起的陰莖,在黑暗中摸起來簡直跟真的一樣。

(二)**非寫實形狀:**能提供插入肉體的快感,又不致聯想到真正

的陰莖，通常為動物或裝飾藝術造型。

㈢**雙頭假陽具：**兩端做成龜頭形狀，插入伴侶時，體內也有
同樣的假陽具，更能提高做愛時的聯繫感，因為外段的每
個動作都與內段互相牽動。

㈣**繫帶式陽具：**裝有一個假陽具，用皮帶綁在腰圍與骨盆上
靠近恥骨的位置。也有些是綁在大腿上的。

三、肛門玩具

　　人們進行肛交的最大理由是強烈的感官刺激，肛交可以讓
興奮指數破表，這個全世界普遍忽視的洞穴，也可以像隔壁的
生殖器官一樣充滿快樂與刺激。興奮時肛門區域會充血鼓起，
就像陰蒂、陰唇、陰莖與睪丸，準備接受愉悅的觸摸。許多人
認為肛門是骯髒的，因為肛門是腸道盡頭和汙穢物的排泄道出
口。另一方面，有些宗教的教條強調身體與靈魂的衝突，使得
教徒覺得如果對身體的性太感興趣是一種罪惡。此外，常有的
誤解還包括肛交會很痛，或認為肛交與愛滋病的傳遞有密切關
連、「正經」的人不會這樣做、這樣做是娘娘腔，或更糟的是
有類似同性戀的感覺。幸好這個情況逐漸改變，肛門隱含的各
種可能性終於受到大眾注意。相關的情趣用品如下：

㈠**肛門栓：**插入肛門的情趣用品。震動式的肛門栓，其震波
可刺激男性的攝護腺或女性陰蒂的深層組織，也可以幫助
肛門放鬆。

（二）**珠鍊**：這種珠子通常一串4～6個，大小不同，可以塞入男性或女性的肛門中，並有一條繩子留在體外。很多人喜歡肛門沿著每顆珠子張開或收縮的感覺，一顆一顆塞入很有趣，有的人還喜歡在高潮時把線一次拉出來，使高潮收縮更強烈，增加快感，若是覺得這樣太猛，可以在高潮前或高潮後拉出珠鍊。

四、男孩專用玩具

　　大多數男性是自主性的開始自慰。很少人在成長過程中真的因受鼓勵而去探索性慾，但男性的自我性愛探索容易啟發，這是超越女性的優勢。男性長大後，有勃起的陰莖可玩，立刻就能發現觸摸它是多麼舒服，然後就樂不思蜀了！打手槍的快感，連科學和宗教都無法禁絕。現今，自慰行為已掙脫各種抑制或治療的企圖，終於變成性生活中健康的一環。處在這個比較寬容的時代，青少年或男士即使有點罪惡或羞恥感，還是會理所當然的自慰。以下是專為男人製作的情趣玩具：

（一）**自慰套**：大約可分為三大類：

1.**腰娘類**：以手持方式在腰部進行自慰。

2.**女體類**：放置床上，讓使用者以較真實的性愛動作進行，獲取更高的模擬快感。

3.**娃娃類（吹氣娃娃）**：這是最接近人類做愛的自慰用具，大多以一比一等身製作。

㈡**陰莖幫浦：**是種套在陰莖外的硬塑膠圓筒，壓縮氣球後，利用真空製造吸力。原始用途是幫助男性勃起或模擬吹簫體驗。男性使用它的原因是吸力造成的快感，或是看著陰莖在管子裡膨脹的樂趣。

㈢**陰莖環：**輕輕箍住陽具根部，使血液能進不能出，可幫助陽具保持堅挺，提升做愛品質。若戴在恥骨附近，還能增加對女性陰核的刺激效果。

五、潤滑劑

在歡愛中想要插入時，陰道的天然潤滑液未必會及時出現。至於任何性感、健康的肛交也需要潤滑，因為性興奮與否，肛門都不會分泌天然潤滑劑。另外，安全的使用保險套同樣需要潤滑劑，可幫助保險套維持彈性並防止破裂。可見性愛專用的潤滑劑對每種性行為都有助益，是讓一切都能順利運作的要角。可分為三種：

㈠**水性：**大多數成分是純水、甘油（或其他促進滑溜的成分）、防腐劑，偶爾還有人工香料。一旦混合物中的水分蒸發，就會變黏，但卻不必再添加潤滑劑，只要用一點水或口水就能恢復潤滑功能。

㈡**矽膠性：**持久力比一般性行為時間久得多，又適合搭配保險套使用。因為不含水分，矽膠基底的潤滑劑永遠不會乾燥。

㈢**油性**：專為男性自慰設計。油性不適用陰道性交，因為油脂進入陰道會感染，而且任何種類的油脂都會摧毀乳膠，所以絕不能搭配保險套一起用。

六、皮繩愉虐（BDSM）

這是用來指稱「綁縛與調教」（bondage & discipline，即B/D）、「支配與臣服」（dominance & submission，即D/S）、「施虐與受虐」（sadism & masochism，即S/M）的一個集合用語。

皮繩愉虐是臺灣BDSM社群的翻譯，不過這個中文詞彙目前尚未被廣泛流傳。雖然其中有施虐與受虐這樣的字眼，不過正常BDSM活動的目的是為了讓彼此歡愉，所以不能把BDSM和性虐待（sexual abuse）混為一談。

綁縛不在強人所難，而是要激發高潮。性學家靄理士曾說：「所有身體與情感活動受到限制，都會提高快感。」綁縛能無害的表現情慾的侵略性，且能製造生理上的亢奮。一個人動彈不得，卻遭到緩慢手工搓捏，逼出高潮，那簡直銷魂極了。當然任何綑綁行為都需要高度互信，事前必須對權力運用的方式做好溝通。至於綁縛的方式可用眼罩、手銬、項圈、繩索等物品來限制行動自由。如果要用繩索，則必須學習適當的綁法。性愛總是與感官相連，尤其是能提高性興奮程度的肌膚接觸，SM正是藉由較強烈的感官來建立伴侶之間的感情。

七、安全性愛用品

血液、精液與陰道愛液都是傳遞性病的媒介，而安全性愛
能隔絕大多數的體液。保險套、口交護膜與乳膠手套都能防止
體液跑到不該去的地方。分述如下：

(一)**保險套**：以乳膠、聚氨脂或小羊皮製成。大多數是乳膠
製，除了避孕，也能阻隔性病的細菌與病毒。

(二)**口交護膜**：是舔陰與舔肛的防護罩。皰疹之類的性病可能
藉舔陰或舔肛傳播，使用阻隔物就可預防，亦可阻擋消化
道病菌。

(三)**乳膠手套**：可以防止病原從手上任何傷口侵入。說到傳染
性病，以手指插入陰道或肛門都是低風險的行為，但動作
愈激烈或插入的指頭愈多（甚至整個拳頭）風險愈高，而
且手指、陰道或肛門裡看不見的小傷口風險更高。手套也
可以阻隔手上的汙垢，避免尿道發炎。

情趣用品的意涵

一、健康的發洩管道

長期以來，社會教導我們「性慾」是要被壓抑的，女人的
性器官被視為不潔、骯髒，性器官被用來當作一種罵人的「髒
話」，和性器官接觸過的女性內衣褲被視為招致厄運的不祥之
物，女性不能隨便觸摸自己的性器官，即使私下觸摸自己的身

體以滿足性慾都有罪惡感與羞恥感。異性戀父權的情慾文化有一個特色，就是抹煞性的差異，規範出「正常」或「正確」的性模式，認為女人只應該和男人性交，而且只應該有陰道高潮，這都是父權生殖的邏輯。

文化上對自慰的否定，等於變相支持性壓抑。如果不能和自己發生性關係，就更容易接受這種性壓抑的現狀。自慰掌握了反制性壓抑的關鍵。按摩棒等情趣用品的出現，對於自認為「冷感」或不確定在性交過程是否曾經達到高潮的女人更有推波助瀾之效，另對於「早洩」的男性，或是無法從性交過程得到足夠刺激的男性，亦有很大的幫助。

人類天生就有想了解自己身體的欲望，自慰則是第一個與生俱來的性活動。自慰是了解自己性慾的一個重要方式，經由自慰可以探索自己的性慾，學習感覺自己的性器官，建立性自覺並捨棄昔日對性的恐懼和羞恥。藉由與自我身心獨處的經驗得知自己的喜好——喜歡如何被觸摸和觸摸哪個部位、什麼讓自己感到性興奮、什麼又讓自己失去興趣，並對自我偏好、自我能力和極限有更深一層的了解，而能夠擁有更多負責任的性選擇。

自慰是一種自我探索式的學習，讓自己學會在自身的靈魂前放鬆，沈浸在自我的性感與歡愉中，並享受獨處及寧靜的片刻。自慰是自我的肉體與心靈合一的狀態，不必向他者索求

性，更不是用肉體的性結合去寄託另一個高超的精神結合，並同時作為限制且束縛於他者的方式。

二、性別轉換

在多數人的性愛觀念裡，常存有男性主動／女性被動、男性攻擊／女性接受、男性堅硬／女性柔軟的想法，但插入／被插的二分法並非絕對，亦與男性／女性的身分認同無關，我們不應將肛門視為性的被動接受者，而是一個心理與生理的主動冒險者。當女性對男性伴侶進行肛交，這種性遊戲可以讓女性更了解伴侶的身體，而男性也有機會體驗全新的感覺。男性經由肛交讓伴侶「深入」自己，可使兩人在精神與情感上分享超越個人的歡樂，達到更高的境界。「深入」伴侶身體，正是一種愛與分享的象徵。

任何願意接受肛交的男性都冒著情感上的風險——他（至少在那當下）得拋開男性的心防，所以願意被插入的勇敢男士應該引以為榮，而快感就是獎勵！另一方面，帶上假陽具並不減損女性魅力，反而可以藉此擺脫「女性只能被動」的傳統觀念。每個人都能自行選擇他／她的角色型態，放縱個人在床上的癖好。大多數人不會放棄天生的性別認同，但每個人都將因為有了更多的自由空間而受惠。

三、性幻想與性遊戲

孩子藉著遊戲帶來快樂，成年人同樣可利用「遊戲」紓解

壓力、恢復精神，以迎接人生無盡的挑戰。成年人的遊戲中，性愛無疑最具強烈的歡愉效果，尤其具有創意的「性遊戲」，更能為忙碌緊張的現代人提供最佳的宣洩管道。日常生活中，理想與現實往往存有落差，這時「幻想」就成為最好的填補劑，性遊戲也是如此，如果少了「性幻想」的輔助，就失去它迷人的光彩。

性幻想是一個多采多姿、變化萬千的世界，其題材可說是取之不盡、用之不竭，內容可以純屬虛構，也可以根據部分事實加以變化，為性遊戲帶來鮮活的歡愉感受。但因為性幻想觸及人們最深層的隱私，加上社會禮教的無形束縛，以致往往讓許多人深陷焦慮與罪惡感。事實上，枯燥單調的性生活已是現代男女長期關係的殺手，放不開心中的枷鎖，絕難改變這個困境。佛洛伊德認為在性壓抑社會中，人們對於性有羞恥、嫌惡、痛苦、恐懼等心理，這些心理阻礙了性愉悅，可是「性變態」（亦即「非生殖的性」）卻有促進性愉悅的功能。例如，原本裸露是讓人羞恥的，但是人們在性交時喜歡脫光衣服，就將羞恥轉化為性興奮。同樣的，喜歡口交的人可以把對性器官的嫌惡感轉化為愉悅；喜歡SM的人則把原本連結到痛苦、恐懼、無助等心理的性活動轉變成快感。這是一種很合理的心理機制。

佛洛伊德認為性變態克服了性壓抑，因此反而不會因為性

壓抑而形成精神官能症。易言之，SM把侵犯與破壞的心理以儀式性的行為操演出來，反而比較不會有精神疾病。然而SM應是在雙方同意之下充分協商而進行的戲碼，如果有一方不願意進行就成了脅迫。有一些人只有在某種明顯的權力支配之下，感覺到自身的全然無助，才能放鬆自我的僵化而得到快感。在你情我願的情況下，SM反而是種助性的方式，是對於身體表現操控與否的一種方式，是一種可以選擇接受、增進情趣的方法。其過程需要協商協調，相互都有共識且有計畫的達到雙方的性高潮及性滿足。

從另一個角度看，人類因為擁有想像力而具有因應變局、排除危機的潛能，其中性幻想正是人類想像力的另類展現。當精神壓力日漸加重時，性幻想就有如適時敞開的疏通管道，這也可說是人類潛能的自然發揮。透過性幻想營造性遊戲的虛擬情境，可以讓人體驗全新的性愛歡樂。雙方有類似且互動的性幻想時，更能建立無可比擬的親密關係，甚至是處理現實中外來誘惑的最佳方式，因為這種心靈深處的分享，正是雙方永難割捨的情鎖。

四、性愛的自由與責任

追求美滿性生活的同時，學習如何保護自己是很重要的。人人都必須為自己的安全負起責任，即使單一性伴侶也不保證安全，每次性行為都要明智的面對風險與安全措施。但有些人

可能認為，接觸彼此的體液是一種最親密的感受，代表兩人可以緊緊的結合；而戴上保險套卻會造成兩人的距離，是做愛時候的累贅。甚至有人為了性的歡愉而買保險套時有罪惡感，而且覺得有計畫性的做愛比較不刺激興奮。但就算真的有一點罪惡感，少一點翻雲覆雨的刺激，若因此能確保自身不會染病，或傷害到深愛的人，或得到愛滋病，那麼使用保險套仍是值得的。當心理上可以接受保險套，使用它也不會造成與性伴侶之間的信任危機或緊張關係時，保險套算是維繫雙方信任的橋樑。做愛與關係應該分開看待，親密貼近的關係不會因為保險套而疏遠；但若彼此原本就不相愛，沒戴保險套也不會拉近雙方的距離，不須在精神上負擔情感責任，在生理上又要負擔避孕、預防疾病的責任。對安全性愛的工具有所了解且身體力行，並不會讓性愛變得無趣，反而更容易把健康安全的習慣融入生活，安全性愛也可以像無防護的性愛般，既刺激又愉快。

當今社會上情趣用品愈來愈流行，因為性和諧與快感已成為性愛重要的組成部分。如果在性愛過程中得不到快樂，何不試試情趣用品？雖然它只是一種機械裝置，代替不了人的感情投入和心理需求，但它可以是一種補償，有助於性生理功能的實現，幫助克服各種性困擾，並可改善性生活品質。情趣用品本身並不涉及道德、倫理與法律等問題，人們既然可以借助眼鏡、助聽器等解決視力、聽力功能的不足，為什麼不能借助情

趣用品解決性方面的不足，或者創造更好的性生活？所以，請
好好進行完全的情欲探索，為自身創造一個嶄新的性生活！

捌 網路性溝通

網際網路自1960年興起後，隨著科技發展不斷進步，至今已呈現強大力量。它不再只是傳遞資訊的工具，而是形塑了一個社交環境、一個生活空間，使人們能在其間進行社會活動，而不只是交換資訊、相互聯繫。

這種以電腦為中介的溝通稱為CMC（Computer-Mediated Communication），其風行確實對傳統溝通方式造成衝擊。網路世界的「影音網交」由於少了道德力量的束縛，使人們在其中能發洩屬於人類最原始的欲望，以匿名不公開的方式尋求不同於以往的各種性慰藉，藉由網路的便利，在道德與法律間挑戰著全新的性愛觀點，從事著前所未有而多變的性行為方式。

1 網路溝通的親密

網際網路不同於以往的傳播媒介，不再是獨占性、公有性，而具備個人私有性。它特有的溝通方式已形成全新的溝通模式，所表達的親密則不亞於面對面的溝通。

一、情感的親密

在網路上，互不相識的網友也可能分享彼此心底最私密的經驗與感覺，並感受網友溫暖的情感支持，避免心理上的孤單與寂寞，滿足各種發展需求。這樣的網路友誼比實境生活的朋

友關係更加深刻且更獲重視。

網路情誼之所以令人嚮往，是因為交談雙方並沒有期待為彼此的現實生活帶來任何幫助，純粹是相互傾聽、分享想法，這種感覺很舒服。它不靠外表的吸引力，卻更拉近彼此的距離，透過交心而熟識。

二、溝通的親密

打發無聊時間的方法很多，然而有些人卻選擇在網路上找人聊天、建立關係，或是打電動、玩遊戲，這多少意味著現實生活的空虛無法被滿足。

由於在網路上是以文字符號來表達，使用者容易隱藏自己的真實身分與外貌，因此有人認為匿名使網路人際關係變得不可信任，但也有人認為網路匿名能解放並建立關係，減少面對面時受評估的憂慮，有助正向發展。

三、社交的親密

在網路上構築的空間，讓一定規模的人可以透過網路互動的特性，共同參與公開的討論。藉由在聊天室、BBS或其他網路社區與他人的溝通、交換資訊或分享共同興趣，而形成網路空間的人際關係。根據研究發現，有80％的人在網路上尋找具共同性的友誼及社群。此外，網路除了能擴張人際圈外，也可以增強已有的人際關係，利用網路便利和即時的聯繫功能，與真實生活的朋友保持互動及往來，對於真實人際關係有強化與

提升的作用。

四、身體的親密

經由網路建立關係的互動者，是在以想像為基礎和特徵的空間環境中，讓現實世界彼此獨立且互不相識的人們，藉由產生一定程度的想像性認同而進行互動。由於無法有身體的接觸，所以只能真誠的自我揭露以期增進彼此的親密關係。

貳 網路與自我揭露

自我揭露是透過與他人的資訊分享，使彼此變得更親密，並促進人際間的關係。但自我揭露並非只是簡單的提供資訊給他人，而是與他人分享資訊。對他人作自我揭露的同時，也有招致受傷的風險。網路溝通除去了面對面的尷尬，是否因此為自我揭露拓展更多空間？在缺乏社會線索的網路情境中，為了發展人際關係，理應作大量的自我揭露以減低不確定性，但經實證研究卻發現，網路中的揭露程度有兩種截然不同的情況。

一、 較高的揭露

網路上的自我揭露可能高於面對面或口語的溝通，因為不必見面可以使人放心的對陌生人坦露個人的隱私或祕密，更因匿名而不須擔心洩密的危險，於是導致揭露意願提高。

二、 較低的揭露

由於網路具匿名性，一般人可能因為無法體察對方言行

的真實性，而認為網路充斥著虛假和欺騙，反而更不容易分享內心的感覺或祕密。因此，網路上的人際關係雖然也有自我揭露，但其深度並不比實境中的人際關係更高。

二、文字符號傳情達意

身處網路時代，能掌控網路視覺文字符號能力，如操弄暱稱或說明檔；能以文字聊天或說俏皮話，如「就醬好ㄌ」（表示「就這樣好了」）；或是能以數字語言傳情，如「520」（代表「我愛你」）；或是加上臉譜符號表達情緒，如「^o^」等，就可以加速彼此的親密關係。

網站溝通主要透過文字書寫，這樣的特色相較於面對面說話，更能完整呈現想法和感受；表情符號則是另類的呈現，可以使文字的情感表現更為豐富。常見的表情符號如下：

符號	代表意義
: 〉	微微一笑
: P	吐舌頭，頑皮的笑
*^_^*	臉紅了
: 0	尖叫
: 一〉	嘿嘿嘿
: 一V	高聲喊叫
>_<	慘不忍睹或很難過
: （	心情不好
^___^	笑的非常開心

社會資訊將非語言的符號加以創新，發展出特殊的網路次級語言線索，以補償缺乏社會線索的缺失，並傳達人際間的情感與關係。在缺乏社會線索的網路空間，必須藉助這些文字／符號來傳達社會情緒的意義。

親密關係是每個人都需要的，但在有限的生命與時空裡，上網是快速與便捷的溝通方式及建立關係的管道，也由於網路的文字書寫特性，使文字符號的感受在網路情境上更令人印象深刻。

4 網路的兩性溝通

在網際網路的世界裡，男女兩性關心的主題及溝通的語彙、態度有無差異？其溝通內容與行為表現是否複製了傳統的性別角色？以下分別論述。

一、兩性網路溝通主題與態度

赫林（Herring）指出兩性在線上討論時，男性傾向將話題導向主流文化，喜好採取對抗和競爭的方式，爭得更多發言空間；女性則傾向博得同情與合作，同時被鼓勵透過交換彼此的經驗來獲得更大的理解。在刊登文章上，男女不但使用易於區分性別的刊登形式，也透過不同的價值標準來解釋他人的行為。在網路的論述過程中，女性通常會優先喚起保守的道德意識和考慮他人的需求；男性則偏好以競賽或自由的規則與懲罰

來喚起道德意識。

　　至於兩性實際參與線上活動的人數，男性的總參與人數高於女性。女性在討論區表達個人觀點時，男性總是公開反對這種表達自信的行為，所以當女性想嘗試平等的參與線上討論時，往往因此被迫中斷而選擇沈默。這是在男性領域的溝通過程裡常見的權力與優勢分配。若將網路空間看成一個有規範的區域，線上仍多少帶有傳統性別角色的地位，形成男性主控的空間，女性則感受到被威脅與隔離。

　　如果是以男性為主的訊息，其談論大部分都是有關對立的互動；而以女性為主的訊息內容，則多談論與人的合作與互動。女性的訊息常扮演支持性的功能，男性的訊息則傾向對立及批判對方。

二、網路性別角色複製

　　網路科技與傳統大眾媒介（如電視、報紙、收音機等）的不同，主要在於其具有互動、回應的特質，使人們的溝通行動不同於過去大眾媒介時代的方式。網路媒介創造出全然不同的公共領域意義與型態，網路參與的互動性、主動性、主場選擇等特點，事實上是提供一個較優良的公共領域發展條件——女性可因此更積極的參與討論、增加主動性，但傳統意識依舊複製在言語中。

　　由於在線上溝通的過程，參與溝通的個人傾向於想要知道

互動對象的性別，所以CMC情境的性別結構似乎仍帶有與面對面溝通相同的包袱，且CMC情境與現實社會的溝通情境一樣具有某種約束性的暗示。

吳姝蒨於1999年的研究結果中提到，電腦中介傳播不只是傳播媒介，同時也是一個可以培養溫情與情感知識的社會環境，缺乏社會線索並不會成為關係發展的障礙；此外，「虛擬關係」的發展和再現，也呈現出分享、接近等與實境人際關係相同的情形。

既有資訊科技體系的結構是一股無以抵擋的社會力，其內在理路在某種程度上決定了人們彼此之間的互動模式，也影響了人類生產和消費的方式。從之前的論述與相關研究可知，真實生活的人際關係與行為互動，在虛擬社群同樣會發生，因此日常生活的「利社會行為」也會在網路世界開展。

網路情色

一、名詞新創

「虛擬性愛」，有人稱為「數據性愛」（Digital Sex），也有人稱為「未來性愛」（Future Sex），最傳神的說法應該是「電腦性愛」（Cyber Sex）。

「電腦性愛」的字根「cyber」是希臘文「船舵」的意思。現代控制理論的開山祖師韋納（Norbert Weiner）教授，為了

找一個適當的字來描述他發明的新理論，遍尋不獲，最後只好自創一個新字「cybernetics」（操縱學），該字源於希臘文的「cyber」，以說明操縱學就如同舵之於船，是控制方向的靈魂。

「cybernetics」這個字流行了一陣子，在學術界漸漸少有人用，但流行語彙反而保存了這個字，韋納絕對想不到他發明的字竟然成為「龐克族」的「酷語」。當然，流行用語的cyber一詞早已脫離韋納教授的原意，舉凡和電腦、電子、機器人等相關者都可以用cyber來指稱。這個字在1970年代消沈了一陣子，到1984年之後又流行起來，其原因和一位小說家有關。

美國科幻小說家威廉‧吉卜森（William Gibson）在一部小說「Neuromancer」裡，首度使用「Cyberspace」（電腦世界）這個新名詞。他和韋納教授一樣，自創新字來描述一個完全由電腦構建的虛幻世界，這世界能讓人共享，也可以如真實世界般互動。吉卜森所說的「電腦世界」，也就是現在電腦界所說的「虛擬世界」（Virtual Reality，或稱「虛擬實境」）。Cyber一詞從此大行其道，連搖滾歌星比利‧艾鐸（Billy Idol）的專輯都取名為「Cyber Punk」（電腦龐克）。

二、虛擬性愛類型

電腦性愛只是虛擬性愛的一種，而虛擬性愛指的是存在於虛擬時空的性愛，類型各異，方式多樣，有些並不局限在網路

上。但由於網路性愛是虛擬性愛的主流，因此國內外亦有視虛擬性愛即為網路性愛的看法。以下介紹各類型虛擬性愛：

㈠**性愛遊戲程式：**指電腦上的性愛遊戲，市面上日本「H」型性愛遊戲便屬於這類。H型遊戲的名稱由來十分有趣；玩過賭博性麻將遊戲的人都知道，當玩者贏電腦一次就可以將畫面中的美女寬衣解帶，而要一睹美女身形的方法就是按下鍵盤上的H鍵，從此大家就習慣性的將這類色情遊戲稱為「H Game」。另外也有人將這類遊戲稱為「十八禁遊戲」，因為日本遊戲分類「十八歲以下不宜」的標示，是由「十八禁」三個字組成的標誌。

　　這類軟體也可以在電腦中產生虛擬的女朋友，與她交誼、談心、接吻，當然也包括深入的愛撫、做愛。你可以替電腦螢幕上的美女脫衣，或者和她打撲克牌，她輸了就得脫掉一件衣服，最後你還可以用滑鼠愛撫美女，碰到敏感地帶，她就會呻吟一聲。

㈡**網路A圖與A片：**網路空間上情色圖片或影帶的觀賞與流通方式，目前以在全球資訊網架設的網站為主流。人們只要透過網際網路的聯繫，就可以與網站連接，瀏覽網路上的圖片、動畫及性愛廣告資訊。現在又有許多自拍的情色圖片在網路上公開交流。另有些網站是採轉播現場實況的脫衣秀，但要擁有這方面的服務，除了需要足夠的終端及

傳輸設備外，還需要昂貴的會員費。

(三)**聊天室性愛（網交或網愛）：**這一型電腦性愛的主角仍然是人，不過是通過電腦網路和另一個人在電腦裡面交談。人人可以選擇自己的性別，只要取個男性化或女性化的暱稱，就可以在電腦網路勾搭異性（其實很可能是同性），例如看到某個人的暱稱或個人名片檔很吸引人，就可以丟水球給對方，找對方搭訕，對方應允了，便開始大玩愛情遊戲。有趣的是，情書文化原本已經沒落，卻在電腦網路發展之後死灰復燃；因為在電腦世界，無法用金錢、財富或相貌來打動對方，唯一的辦法就是仰賴動人的文字技巧。

在網愛模式裡，雙方一邊打字，一邊自慰，但許多時候，是將性愛情境打字完成後，才自慰解決，否則常發生手忙腳亂的狀況。這一性愛模式必須靠充分的想像及全心的投入，才能完成一場美妙的性愛歡愉，其交談情境模式常是角色扮演、跟蹤美女、強暴現場、醫生／護士或病人、潛入女生宿舍等。

網路性溝通有別以往的書信或面對面溝通，不僅透過文字表達，還進一步利用視訊方式見到對方，突破不真實的介面，將虛擬境界轉化為實體感受。科技除了將人與人之間的距離縮短外，更使人們超越真實的互動，從虛擬

世界獲得另一種情感與性愛方面的滿足與樂趣。未來的世界，不論生活與情感，都將面臨一個極大的轉變。

玖　性與藝術

西方藝術公然或暗地涉及「色情」主題的作品可說相當多，相形之下，學者與藝術家對藝術作品的「色情」意涵卻絕少認真關切。自佛洛伊德的時代開始，才有精神醫學界等人士徹底研究藝術家的心理與性的發展。除了某些超現實藝術家之外，藝術作品的色情成分從未引起類似興趣，明顯的被忽視。即使對超現實藝術的研究，有關色情方面也都是描述性，而非分析性。始終沒有人對不同時代、不同藝術流派所呈現的色情意象，進行社會產物和傳統影響的深入研究。

色情意象的世界和其他類型的藝術意象一樣，絕非僅受個人幻想所操控。「色情藝術」這個專有名詞，其含意被視為「專為男人而做的色情作品」、「為男人性需求與欲望所創造」，不管色情客體是乳房、臀部、鞋子、束腹，或是所擺的姿勢，引起性愉悅或性衝動的意象都和女人有關，並且是為了男人的享樂而量身訂做。在藝術領域中，男人不僅是所有色情論述的主體，也是所有色情產品的消費者。透過性對藝術的約束與控制，似乎沒有一個讓女人表達觀點的宣洩出口，甚至在純幻想的領域裡都找不到。

1 何謂藝術

藝術的英文art源於拉丁文ars，意為「技巧」，現在雖保有原意，卻也衍生出更廣的含意，幾乎包括所有的創造性學問，尤其指稱「八大藝術」（包括文學、繪畫、音樂、舞蹈、雕塑、建築、戲劇與電影）。談藝術，首先要了解藝術是抽象的，它必須透過有形的藝術品，包括實體、圖像或聲音來表現，因此所謂藝術應該是「創作者的思想與概念，透過藝術品，精確的傳達給特定第三者（欣賞者）」。其中有幾個重要概念：

一、 創作者的思想與概念

一件藝術品的藝術內涵即在此階段孕育，它關係著創作者對生命的體驗及藝術品的藝術價值，因此有人戲稱藝術家的人生最好「慘」一點，如此才精采豐富，才能思考生命的意涵。梵谷就是其中代表。

二、精確的傳達

這一個過程取決於藝術家的技術是否精湛。一個創作者空有豐富的生命內容，卻無法藉作品傳達出來，又如何能讓人了解？因此必須能將創作者的心境百分之百的表現出來，才是一個有生命的藝術品。

三、特定第三者

假如你感受不到貝多芬「命運交響曲」的衝擊，是不是

就可以否定貝多芬的藝術定位？當然不可以。為什麼？因為創作者在創作初期即設定了欣賞者的層級，可能給普羅大眾欣賞（如好萊塢電影），也可能給少數特定對象鑑賞（如歌劇或抽象畫），而你可能不在貝多芬所設定的欣賞者範疇內，所以無法有所感受。但是，假如你屬於某件藝術品之創作者的設定對象範疇，卻依然感受不到創作者的內心，那麼這件藝術品的藝術價值就值得商榷、要被懷疑。藝術是一個思想傳遞的過程，而不是單指一件有形的「藝術品」。

二 何謂色情

「色情」是一個主觀的抽象概念，很難有放諸四海皆準的定義。「色情」本身也曾經被嘗試獨立成為一項管制的判斷標準。1983年美國明尼蘇達州明尼亞波里市（Minneapolis）的單行規範中，即直接以「色情」為色情資訊的管制標準，該市的民權法規（civil rights ordinance）將販售色情物品視為對婦女民權的一種侵犯。其將「色情」定義如下：「色情」係指在性方面明顯將女性視為附屬物，而以圖片或文字的方式進行生動的描述，並且包括下述內容：

一、不將女性視為人，而視其為性之客體、物品或商品。

二、將女性視為性之客體，而呈現其樂在痛苦或羞辱的狀態。

三、將女性視為性之客體，而呈現其在被強暴過程中仍能感受

到快感的狀態。

四、將女性視為性之客體，而呈現其被捆綁、剁碎、切斷手足、打傷或其他身體傷害的狀態。

五、呈現女性在性方面謙恭、順從或任人擺布的姿態。

六、展現女性部分軀體——不只是陰道、乳房及臀部，且有將女性簡化為該特定器官的傾向。

七、將女性以其天性淫蕩的方式呈現。

八、呈現以物品刺入女性體內或人獸交歡的內容。

九、將女性置於墮落、傷害、貶抑、虐待的場景中，並以猥褻、卑屈、血跡斑斑、淤青或施暴的內容呈現，且將這些場景與性連結。

換言之，任何以言語、聲音、姿態、動作、圖片、器具或道具、圖像或圖樣、符號或象徵、文字，以及身體等為工具，用以刺激或滿足觀賞者的性慾或快感，從而達到賺錢或謀利或滿足自身快感為最終目的者，皆可謂之色情。

裸體與性的對話

身體不是一個孤立的概念，它存在於各種關係中。身體在不同的時空、不同的關係中，其內涵的呈現也不一樣。人們對於身體與性如何產生關聯的理論與實踐所知有限，然而一般人想到女體時，常鮮然的呈現其遐想和憧憬的樣貌。將身體聯想

到「性」的方面時，代表著快樂、欲望。

人對「美」都有追求與顯露的欲望，因此當美麗的女體被展示時，人們便會融入個人的欲望而使色情自女體流洩。於是一幅裸露女體的畫作，由於加入了欲望的目光，身體便是具體流動的，有相對的關係性和性別意義。畫家透過畫筆表現豐滿、勻稱的女體，或許要表達的不是欲望，只是觀看者以自己的觀點過度解讀，這樣又該如何判斷它是色情還是藝術？

傳統上，大部分人還是認為女性胸部最能展現美與性感，歷來人們偏愛將乳房「性化」，其他部位則有時間性，歷史遠不如乳房久遠。至於裸體則是衝破時間限制，展現許多本能的欲念，無法隱藏也很難立即由其他力量取代。

女性身體的內與外，有限制形象與無限制形象的分別，必須一直被強調，這種分別的必須性不但反映在精緻文化與大眾文化對女性身體的再現，並且頻繁展現在藝術與色情圖像的分別與定義上。

4 東西方藝術之兩性圖像

性是藝術的第一道命題，從舊石器時代到今日，仍然是藝術上最普遍的議題，只是表現方式有隱晦有顯著，而古代原始藝術和印度藝術的表現最為直接。

一、東方藝術

　　中國的陰陽哲學源於人類的生殖崇拜及生命崇拜。生存和繁殖，是宇宙一切生物的共性，也是原始人類的基本觀念，二者貫穿整個人類歷史發展的過程。中國哲學的本源——陰陽觀念，正是始於男女交合生殖崇拜這個基本觀念。太極圖的抽象符號象徵著陰陽交合的意義和觀念，代表宇宙生命生長之意；可藉由人類觀念的結合或意識的顯現，透過聯想暗示而了解其形象。中國文化多將陽物與男人比喻為萬物昌盛、中原與君子，而將陰物與女人、夷狄與小人相提並論，這些觀念加深了男尊女卑的刻板印象。

二、西方藝術

　　在作品中呈現男女兩性之圖像符號的現代藝術家，不勝枚舉，以下舉例說明：

　㈠畢卡索（**Pablo Picasso**）：畢卡索有很多作品與情愛相　　關，如2001年在法國網球場國家畫廊展出的一系列畢卡索　　情色藝術作品，就有許多幅直接表現男女兩性圖像象徵的　　油畫和速寫作品。畢卡索曾說：「如果藝術沒有性，那就　　不叫藝術。」足見性對其創作的重要性。就連第一幅突破　　西方繪畫透視技法的立體派鉅作「亞維儂姑娘」，畫的還　　是妓女。另外，在劉俊蘭發表的文章中也提到，真正讓畢　　卡索得以肆無忌憚描繪他的愛慾，是他在畫中的另一個分

身──希臘神話的牛頭人身怪物Minotaure。畢卡索的情愛始末已在他那些游移於寫實與隱喻,以及充滿象徵語彙的自畫像中留下許多軌跡。

㈡米羅(Joan Miro):藝術大師米羅在作品中以表意符號語言表現女性性別是非常獨特的,如「性-太陽」型,將陰道以不可思議的杏仁狀表現;一片葉子平分兩瓣,一黑一白,在兩邊有類似三根絨毛的線條出現,這些線條也像是太陽的光芒,大多分布在身體中央以表明是女性的特徵。另外,用倒置的形狀和隱喻的手法表現男性的性符號,狀如種子,代表「生」的意義,也代表「永垂不朽」的象徵,它的力量可以擴展到無邊無際。

㈢歐姬芙(Georgia O'Keefe):歐姬芙在1926年畫的作品「黑色鳶尾花」,構成令人驚異的女性生殖器官的自然象徵,這類象徵主義作品常蘊涵著女性的心像。歐姬芙總是否認她畫的花象徵人的性器官,但很多觀察家都發現她創作的花帶有極大的性暗示,畢竟花朵的確是植物的性器官,而歐姬芙的另一件作品「曇花」就更叫人無法不把它看成女性的陰部。

㈣格雷森(James Gleeson):格雷森是澳洲一位很重要的藝術家,他的畫鼓勵觀眾走出對事件的預設立場,以不同的眼光和角度看待事物。他在1940年期間的畫作,表現極端

的凶惡、權力、暴力和殘害，雖然畫裡男女的軀體若隱若現，然而卻感受不到美及欲望；他想以此告訴人們，人體也可以呈現如此的矛盾與不安。

㈤**杜派恩（Max Dupain）**：杜派恩是澳洲頗富盛名的攝影家兼雕刻家，於1929年開始從事攝影，他打破傳統，以銳形、強光捕捉不尋常的景象來呈現訴求。1938年，他以妻子奧莉薇為藍本，創作出既尖銳又羅曼蒂克的影像；以黑色為底襯，將女體的乳房、陰部、手、腳和臉做縱線的分割，呈現身體的曲線和明亮度。他希望帶給觀者什麼樣的感受？沒有限制，只有自由。

自古希臘羅馬時代至當代藝術，都喜愛以裸露女體作為創作題材，而20世紀興起的情色藝術，不但對於性愛和生殖器官皆有細部刻畫，並且以多元面向表現情慾，在在令人感到驚訝。這些作品是藝術家抒發自我潛在情慾的創作，畢卡索曾說：「藝術絕不是貞潔的，所有天真的事物都不該接近藝術。那些還沒做好準備的人，也絕不可讓他們靠近藝術。沒錯，藝術是危險的。如果貞潔，就不是藝術了。」

倘若真如畢卡索所說，藝術是危險的，那為何律法對於藝術總像是放縱孩子般任其潑灑，且其與色情的邊界點到底何在？又要如何劃分？1857年，英國「坎培爾男爵禁止淫褻出版物法案」（Lord Campbell's Obscene Publication Act）曾指出，

藝術是來自抑制而沈靜的樣態，存在於內在沈思的情緒之中，不像黃色作品傾倒於身體外而讓不當的欲望竄流於城市街道。藝術創作者擁有作品的詮釋權，並將思緒界定在沈著冷靜的狀態下，可以自我控制情慾流動的脈絡，對他們而言，再淫穢的創作都必須以「去性化」的平衡官感去省思。為何他們擁有那麼大的權力？係因他們是經過主流藝術教育體系長久訓練的產物，所以能夠以非常專業的中性角度來觀看裸體情色。

18世紀，德國哲學家康德（Immanuel Kant）在「審美判斷力的批判」（Critique of Aesthetic Judgement）中，試圖分出感官之樂和沈思的愉悅。他指出，審美經驗必須動用「較高的」沈思本領，藝術物體在審思者眼裡應該是「無功用」，且審美判斷是「非主觀」的，觀者的欲望和野心應該被捨棄。因此，藝術是一種純粹性的思緒，是理性的延伸物。

色情則大不相同，色情並不是要觀者理性的分析，而是要立即激發欲望。繪者的思緒以及主旨的意念呈現，決定作品所要表達的意境，可能是藝術也可能是情慾挑逗，甚至不同的觀賞者也會各自以不同意圖進入作品的世界，至於會產生欣賞抑或激情的感受，自是因人而異。

性肢體語言——情趣按摩

　　人類的溝通工具，除了口語、文字之外，尚有身體語言的表達，其中最特別也最令人沈醉、放鬆，並能產生親密感與歸屬感的，莫過於「情趣按摩」。

　　「情趣按摩」要傳達的是一種愛的感覺、一種情感滋養的過程，也是一種治療；過程中透過肌膚接觸，喚起性的敏感度，創造親密氛圍，帶給雙方極大的感官享受。

　　情趣按摩要在雙方都輕鬆、互信且甜蜜的氣氛中進行，不必硬性規定誰是按摩者或被按摩者，隨性歡愉最重要。進行過程中，雙方或其中一方會有性的喚起、舒暢、感動或想睡等不同感受，最重要的是要去感覺；體會彼此接觸時的觸感，享受其中的感覺，不須命令和勉強，完整的去感受對方光滑柔潤或結實有力的身體，並適時表達舒適的感覺。從過程中去開發個人從未發現的能量（愛），將自己帶到新的境界，找到一個精緻的平衡關係。

1 情趣按摩注意事項

一、按摩地點

　㈠找個安靜、不會被打擾的地方，若在戶外必須注意蟲蟻或避免陽光曝晒，若在屋內則要避免電話或他人干擾。位置

則床、桌子、地板或海灘皆可。

㈡維持溫暖相當重要，可為對方準備暖氣設備或披蓋物。

二、按摩時間

利用雙方都感到輕鬆、悠閒的放假日進行。時間是自己找的，但將時間保留在特別的日子或夜晚會更加美妙。

三、按摩情境

㈠準備如羽毛、絲巾、皮手套等刺激物。

㈡播放柔和的音樂，不必有歌詞，只要旋律即可。

㈢點上燭光，灑上香水，擺放香料、花瓣，以刺激嗅覺，營造特別的氣氛。

㈣按摩者和被按摩者的手錶、飾品和衣服都必須褪去。

㈤按摩者的指甲不能太長，雙手必須保持乾淨和溫暖。

㈥按摩者先做一次深呼吸，同時用手將對方的眼睛輕輕闔上，邀請便正式開始。

四、健康提醒

㈠如果伴侶感冒，可以考慮不做。

㈡如果皮膚有感染，就不按摩感染處，且必須將傷口包紮起來。

㈢塗抹在皮膚上的的按摩油包含蔬菜油、礦物油與水性溶液等，應注意是否含有化學添加物或香氣等，因為這些成分可能令部分人過敏，按摩前須先做測試以免造成不適。

五、按摩方式

㈠按摩手法可以利用指尖或指腹輕觸、螺旋式循環、手掌按壓、手臂交叉旋轉、手掌輕拍,以及足底的踏壓、輕拍等,從基本動作到全然隨心所欲的運用皆可。

㈡當被按摩者感覺某種按摩方式很好,多按摩就對了,不必理會所謂的理論或指引。

㈢不斷重複按摩的壓力、速度和韻律。每當要接觸時,輕緩的將手放在對方身體上,慢慢的移動;不論手要放下或離開,都必須輕柔。

㈣當被按摩者想要談感覺,宜輕聲談話。放慢呼吸,使自己安靜下來。當以自己為中心時,會經驗到更深的喜悅。

一般而言,躺在床上或檯子上是最常用的按摩方式,然而愛侶在淋浴中或私人游泳池內,也可以依靠水的力量,並運用各種方法使按摩過程更增添愛意。

全方位情趣按摩

一、臉部

㈠以兩手的大拇指在伴侶額頭上做橫越的動作,3〜4次。

㈡以大拇指和食指在伴侶眉毛上做數次緊夾的動作。

㈢將大拇指橫放於伴侶的眼部下方,其餘手指自然垂放於臉旁,大拇指由內向外柔和的按摩。

(四)將大拇指橫放在伴侶顴骨下方，由內向外按摩。

(五)將大拇指橫放在伴侶嘴唇下方，由內向外滑行。

(六)以大拇指從伴侶喉頭處向上滑行。

(七)以併攏的食指、中指、無名指，在兩側太陽穴做循環的動作。

(八)兩手掌放伴侶額部，大拇指根部放眉心上，其餘四指垂向太陽穴，大拇指輕柔的從眼頭下方往外滑行。

二、頭頸部

(一)兩手托著伴侶的頸部，以手指行走的方式由頸背往上按壓；再以手指輕撫頭皮。

(二)站在伴侶右側，並將伴侶的臉朝向右邊，在左邊頭皮處進行手指滑行的動作；再移至左側做同樣的動作。

(三)使伴侶平躺，臉放正，用雙手在頭部兩側的頭皮滑行（速度逐漸加快，但不增加力量）。

三、軀幹正面（胸、腹部）

(一)伴侶正面平躺，站在其身側，左右手分開運作，右手在伴侶下腹部做半圈的按摩，左手則在整個腹部做一完整的圓圈按摩。

(二)右手在伴侶腹部做半圈的按摩，左手同時在腹部另一相對位置做一整圈的按摩。在多處重複這個動作。

(三)雙手交替，平穩且緩慢的從下腹部往胸部滑行。另外也可

以用羽毛輕撫，從頸下至腹部。

㈣以右手從外乳房低處滑行至乳房，拇指及食指以乳頭為軸，在乳頭進行循環動作，繼續進行這範圍的按摩。換另一隻手在乳頭做逆時針方向的循環動作。

㈤想像乳頭是一個輪胎的主軸，以主軸為中心，用雙手的拇指及食指做緊夾的動作。

㈥站在伴侶右側，雙手交替，以拖拉的方式從軀幹左側橫越腰部中線（包含從臀部到手臂下的位置）到右側；再以同樣手法從右側到左側運作。

四、軀幹背面（背、臀部）

㈠伴侶朝下趴著，站在伴侶的頭部前方，以手掌從背部滑向臀部。

㈡站在伴侶的頭部前方，將手掌放置腰部兩側，按摩至肩部。

㈢將兩手合併，以小指側的手部外緣放在脊骨旁，從背部滑行至腰部，接著從腰部回到肩部。在肩部處兩手向外展開，然後滑行回原處。

㈣雙手放脊骨兩側，以大拇指做螺旋循環動作，逐漸延伸到腳部，再從腳回到背部。

㈤兩手以指尖按壓頸部的脊骨，漸滑向臀部；重複幾次這個動作。

㈥站在伴侶右側，將手放在左腰側，用拖拉的方式從軀幹左側橫過脊骨至右側，再換邊重複同樣的動作。

五、手臂

㈠右手握住伴侶的右手腕關節，然後以左手掌滑行伴侶的手臂外側，到達肩部頂端後做一個旋轉，再滑行至手掌。

㈡左手握住伴侶的右手腕關節，然後以右手從右臂內側滑行至腋下，再滑行至手掌。

㈢將伴侶的右手放在你的左肋骨窩內，再將左手放在伴侶的右手上臂外側，右手放在上臂內側，雙手以一上一下的方式滑行。

㈣兩手握住伴侶的手肘，兩大拇指平行，輕柔的在前臂內側從手腕向上滑行，再從上臂向下滑行至腕部；重複幾次這個動作。

六、手（手腕、手掌、手指）

㈠兩手握伴侶的手背兩側，用大拇指根部從中間向外做滑行動作。手掌部位則用環繞方式重複這個動作。

㈡以拇指在伴侶的手掌向手指方向推壓；重複幾次這個動作。

㈢以大拇指和食指在伴侶的拇指和食指間漸次向外滑行；重複幾次這個動作。

七、腿部正面

㈠將你的左手放在前，右手在後，從伴侶的腳踝部位向上滑行至鼠蹊部。

㈡以大拇指和併攏的其餘四指在伴侶腿上做緊夾的動作（以一小塊肌肉作為按摩的範圍），再以相同方式進行另一邊的腿部按摩。

八、足部

㈠以手指在伴侶的腳踝部做迴繞的動作。

㈡輪流用手夾緊伴侶的腳趾，再以同樣方式從腳背滑行至腳趾；重複幾次這個動作。

㈢手掌貼向伴侶的腳弓處，由腳趾滑向腳跟。

㈣以手指指腹在腳背頂端及跟部做小螺旋的按摩。重複此動作，並可稍加力道按摩。

九、腿背

㈠伴侶趴臥，將兩手平行放在伴侶腿背近腳跟處，漸向上滑行至臀部。

㈡兩手分置伴侶腿部的內側及外側，以拖拉方式從臀部往腳跟滑下；重複幾次這個動作。

㈢以一手的大拇指與其餘四指緊夾小腿處，接著以同樣方式在上腿、臀部等處運作。

㈣雙手以V字型的方式，在小腿背部從腳跟滑行至臀部，也

可用羽毛運作。再將雙手放在小腿的內外兩側，從臀部滑

行下來，並在小腿處夾緊。

十、結束

(一)最後以手指從伴侶的頸部頂端下滑至腳趾。

(二)除非環境很暖和，否則必須幫伴侶蓋上毛巾或被單。將你

的手指放在伴侶的腳背上，拇指則放在腳弓處，幾分鐘

後，雙手輕柔的離開伴侶的身體。

參考資料

壹 性別與親密關係

Alcock, J. (1993). Animal behavior: An evolutionary approach (5th ed.). Sunderland, MA: Sinauer Associates.

Barash, D.P. (1977). Sociobiology and behavior. New York: Elsevier.

Baxter, L. A. & Wilmot, W.W. (1984). "Secret tests": Social strategies for acquiring information about the state of the relationship. Human Communication Research, 11, 171-201.

Benshoof, L ., & Thornhill, R. (1979). The evolution of monogamy and concealed ovulation in humans. Journal of social and Biological Structures, 2, 95-106.

Buck, R. (1984). The communication if emotion. New York: Guilford.

Buss, D. M. (1995) Evolutionary psychology: A new paradigm for psychological science. Psychological Inquiry, 6, 1-30.

Buss, D. M. (1989). Sex differences in human mate preferences: Evolutionary hypotheses tested in 37 cultures. Behavioral and Brain Sciences, 12, 1-49.

Daly, M., & Wilson, M. (1983). Sex, evolution, and behavior (2nd ed.). Belmont, CA: Wadsworth.

Darwin, C. (1872). The expression of emotions in man and animals. London: Murray.

Darwin, C. (1859). The origin of species. London: Murray.

Dawkins, R. (1976). The selfish gene. Oxford: Oxford University Press.

Eibl-Eibesfeldt, I. (1975). Ethology: The biology of behavior (2nd ed.). New York: Holt, Rinehart& Winston.

Ford, C. S., & Beach, F. A. (1951). Patterns of sexual behavior. New York: Harper & Row.

Givens, D. B. (1978). The nonverbal basis of attraction: Flirtation, courtship, and seduction. Psychiatry, 41, 346-359.

Hall, J. A. (1985). Male and female nonverbal behavior. In A. W. Sigman & S. Feldstein (Eds.), Multichannel intergrations of nonverbal behavior (pp.195-225). Hillsdale, NJ: Lawrence Erlbaum Associates.

Hall, J. A. (1978). Gender effects in decoding nonverbal cues. Psychological Bulletin, 85, 845-857.

In S. Duck (Eds) Sex, power, conflict: Evolutionary and Feminist perspectives (pp.29-53). New York: Oxford University Press.

Kenrick, D. T., Sadalla, E. K, Gorth , G., & Trost, M. R. (1990). Evolution, traits, and the stages of human courtship: Qualifying the parental investment model. Journal of personality, 58, 97-116.

Kenrick, D. T., & Trost, M. R. (1997). Evolutionary approaches to relationships.

Kenrick, D. T., & Trost, M. R. (1989). A reproductive exchange model of heterosexual relationships: Putting proximate economics in ultimate perspective. In C. Hendrick(Ed)., Review of personality and social psychology: Close relationships (Vol. 10, pp.92-118). Newbury Park, CA: Sage.

Kenrick, D. T., Gorth, G., Trost, M. R., & Sadalla, E. K. (1993). Integrating evolutionary and Social exchange perspectives on relationships: Effects of gender, self-appraisal, and involvement level on mate selection. Journal of personality and Social Psychology, 64, 951-969.

Langlois, J. H., & Roggman, L. A. (1990). Attractive faces are only average.

Lavrakas, P. J. (1975). Female preferences for male physiques. Journal of Research in Personality, 9, 324-334.

Moore, M. M. (1985). Nonverbal courtship patterns in women: Context and consequences. Ethology and Sociobiology, 6, 237-247.

Moore, M. M. (1995). Courtship signaling and adolescents: "Girls just wanna have fun"? Journal of Sex Research, 32, 319-328.

Noller, P. (1986). Sex differences in nonverbal communication: Advantage lost or supremacy regained? Australian Journal of Psychology, 38, 23-32.

Perper, T. (1985). Sex signals: The biology of love. Philadelphia: ISI Press. Psychological Science, 1, 115-121.

Symons, D. (1979). The evolution of human sexuality. New York: Oxford University Press.

Thornhill, R., & Gangestad, S. W. (1994). Human fluctuating Asymmetry and sexual Behavior. Psychological Science, 5, 297-302.

Trivers, R. L (1972). Parental investment and sexual selection. In B. Campbell (Ed), Sexual selection and the descent of man 1871-1971 (pp.136-179). Chicago: Aldine.

Trost, M. R., & Engstrom, C. (1994, February). "Hit the Road, Jack": Strategies for rejecting flirtatious advances. Paper presented at the Western States communication Association Convention, San Jose, CA.

Williams, G. C. (1966). Adaptation and natural selection. Princeton, NJ: Princeton University Press.

貳　性與溝通

Brehm, S. S., Miller, R. S., Perlman D., & Campbell, S. M. (2002). Intimate relationships: A textbook that covers on loving and sexual relationships. New York: McGraw-Hill Companies, Inc.

Glass, L. (1992). He says, she says. New York: G. P. Putnam's Sons.

Kelly, G. F. (2006). Sexuality today: The human perspective. New York: McGraw-Hill Companies, Inc.

Moore, N. B., & Davidson, J. K. (2000). Communicating with new sex partners: College women and questions that make a difference. Journal of Sex and Marital Therapy, 26, 215-230.

Sternberg, R. J. (1998). Cupid's arrow: the course of love through time. New Haven, CT: Yale University Press. A comprehensive volume in the subject of love, written by one of the leading experts in the field.

Tannen, D. (1990). You just don't understand: Women and men in conversation. New York: William Morrow.

參　性愛溝通案例與分析

Kelly, G. F. (2006). Sexuality tody-The human perspective. Mcgraw-Hill Companies, Inc., New York.

肆　字裡行間的情愛

王慶福、王郁茗（2003）。性別、性別角色取向、愛情觀與愛情關係的分析研究。中山醫學雜誌，14，71-82。

卡維波（2001）。取締言情小說 製造黃色恐怖。取自：www.intermargins.net/Forum/2001%2

林芳玫（1999）。色情研究——從言論自由到符號擬象。臺北：女書。

吳禮權（2000）。中國古典言情小說模式與中國傳統文化心理。國文天地。16：1，44-48。

唐果（2004a）。舞林名花——舞國傳說四之一。新竹：星華。

唐果（2004b）。歌聲魅影——舞國傳說四之二。新竹：星華。

笑笑生（1999）。金瓶梅。臺北：三誠堂。

陳益源（2001）。古典小說與情色文學。臺北：里仁。

陳淑萍（1990）。大學生電子郵件的使用行為與人際關係之探討。東吳大學企業管理所碩士論文。

湍梓（1998）。狂戀仙度拉。臺北：禾揚。

曾陽晴（1998）。笑倒在古人床上：談經典色情文學。臺北：圓神。

伍　色彩、衣飾與性感

方蘭生（1995）。形象魅力。臺北：希代。

李紹嶸、蔡文輝編著（1990）。社會學概論。臺北：三民。

葉菉夙編著（1995）。色不色有關係。臺中：三久。

Bono, E. D.著，李宏偉譯（1997）。應用水平思考法。臺北：桂冠。

Freedman, R.著，徐清徵譯（1988）。身體之愛。臺北：聯經。

Sampson, E.著，孫淑姿譯（1998）。個人形象與專業風采。臺北：采禾。

陸　空間布置的性表達

王志弘編譯（1995）。公共空間的私人用途、觀看城市、社會運動與資訊城市，空間與社會理論翻譯文選。臺北。

林貞岑、李宜蓁（2005）。健康開運你的家。臺北：天下雜誌。

莊琬華（1997）。最佳拍拖落腳處。臺北：藝賞。

張恬君（2000）。虛擬世界的網路美學。教學科技與媒體，51，9-13。

黃松釧（2004）。汽車旅館市場之感官追求區隔研究。中國文化大學觀光休閒事業管理研究所，未出版，臺北。

陳銘堯（1998）。區域條件對非國際觀光旅館經營績效之影響——以臺中市為例。私立東海大學管理學研究所，未出版，臺中。

蔡孟汝（2003）。汽車旅館大進擊。臺北：銀色。

蘇彥豪（1996）。公共與私密的交疊：臺灣學術網路空間結構的理論初探。國立中正大學電訊傳播研究所，未出版，嘉義。

Slouka, M.著，張義東譯（1998）。虛擬入侵──網際空間與科技對現實之衝擊。臺北：遠流。

柒　情趣用品

卡維波（2002）。SM不是性心理變態，也不是性虐待。中國時報民意論壇（2002年1月7日）。取自：http://intermargins.net/repression/pervert/SM/articles/2002Jan-Jun/20020108a.htm。瀏覽日期：2006年5月31日。

卡維波（無日期）。自慰，無所謂道德與正確。「強姦虐殺」的自慰，也無所謂。取自：http://intermargins.net/repression/pervet/nonGenital/masturbation/essays/rapekill.htm。瀏覽日期：2006年5月31日。

邱淑雯、陳芳哲等（2004）。情趣商品店大觀園。南華大學網路社會學通訊期刊36期（2006年5月20日）。取自：http://mail.nhu.edu.tw/~society/e-j/36/36-01.htm。瀏覽日期：2006年5月28日。

美國計畫生育聯盟（無日期）。自慰白皮書──從汙名化到性

健康（Grace譯）。取自：http://intermargins.net/repression/pervet/nonGenital/masturbation/whitepaper.pdf。瀏覽日期：2006年5月31日。

陳梅毛（2006）。性愛200擊：200個讓你／妳大開眼界的性名詞。臺北：布克。

情趣饗宴專欄（2003）。取自：情海成人情趣用品專賣店：http://ls.tonight.com.tw/index.asp?pass=1。瀏覽日期：2006年5月27日。

莊雅婷、陳穎詩等（2002）。情趣用品田野研究報告。取自：http://sllai.social.ntu.edu.tw/sllaidoc/syllabus/2002/soc_psy/2002_02.pdf。瀏覽日期：2006年5月27日。

張瑩徵（2003）。異色愛戀：玩具、士兵、王國，一個情趣用品店的田野考察。花蓮：國立東華大學族群關係與文化研究所。

劉達臨（2005）。浮世與春夢：中日性文化的發展與演進。臺北：八方。

Brater, J.著，林玉葳譯（2005）。錯誤的性知識：擁有性智慧，享受性愉悅。臺北：小知堂。（原著出版於2003年）

Comfort, A.著，許佑生譯（2004）。性愛聖經。臺北：大辣。（原著出版於2002年）

Dodson, B.著，張玉芬、賴欣怡譯（2000）。自慰。臺北：永

中。（原著出版於1996年）

Goddard, J. & Brungardt, K.著，李建興譯（2003）。搞定女人：
女同志給男人的性愛指導。臺北：大辣。（原著出版於
2000年）

Hooper, A. (2003). Sex Toys. London: Carroll & Brown Publishers
Limited.

Stein, D. S. & Westoff, L. A.著，龐中培譯（2001）。愛的私房
書。臺北：如何。（原著出版於2000年）

Venning, R. & Cavanah, C.著，李建興譯（2005）。情趣玩具
101。臺北：大辣。（原著出版於2003年）

捌　網路性溝通

余憶鳳（2002）。網路E世情——網路戀情發展歷程及其影響因
素之理論建構。未發表碩士論文，臺北：國立師範大學教
育心理與輔導研究所。

吳姝倩（1996）。電腦中介傳播人際情感親密關係之研究——
探訪電子布告欄（BBS）中的虛擬人際關係。未發表碩士
論文，臺北：國立政治大學新聞研究所。

黃少華、陳文江（2002）。網路空間的人際交往，蘭州大學。

黃厚銘（2002）。網路人際關係的親疏遠近。臺大社會學刊，
28，117-157。

黃瀚諄（2002）。使用網際網路而產生的線上與線下行為之探討。清華大學2002網路與社會研討會。

楊忠川（1995）。電腦中介溝通環境下親匿關係的發展：語言與非語言信號的補償功能研究。世界新聞傳播學院學報，5，19-37。

Kiesler, S., Weisband, S. (1996). Self disclosure on computer forms: meta-analysis and implications.Vancouver. British Columbia, Canda.3-10.

Wang, Y. D. & Emurion, H. H. (2005). An overview of online trust: Concept, element, and implications. Computer in Human Behavior, 21, 105-125.

玖　性與藝術

王溢嘉（1998）。性‧文明與荒謬。臺北：野鵝。

李茂生（1998）。於網頁中設定色情網站超連結行為的刑事責任。臺灣法學會學報，19。

李盈穎（2000）。臺灣十大情色網站成人站。取自：http://magazines.sina.com.tw。瀏覽日期：2005年9月29日。

林芳玫（1999）。色情研究——從言論自由到符號擬象。臺北：女書。

施家倫（2000）。論色情言論（Pornography）之言論自由—

　　—以女性主義的觀點為基礎。政治大學法律研究所碩士論文。

高木森（1999）。自說自畫。臺北：東大。

孫旗（1980）。現代繪畫哲學。臺北：黎明。

連俐俐（2001）。HOT，HOT，HOT，「色情畢卡索」展淫慾橫流。典藏103期。臺北：典藏。

陳寶旭（1997）。頭號A片研究員。中國時報，3/29，41、43版。

陳秉璋（2003）。性美學教育：性、色情、裸體藝術。臺北：揚智。

陳光興（1992）。媒體、文化批評的人民民主逃逸路線。臺北：唐山。

張小虹（1996）。慾望新地圖。臺北：聯合文學。

黃昭謀（1998）。網路色情與網路族群性態度之研究。碩士論文，世新大學傳播研究所。

葉俊傑（1997）。A潮——情色電影大搜祕。臺北：喜閱。

葉煬彬（2002a）。色情作品在男性青少年階段所扮演的角色（上）。菁莪季刊，13(4)，21-30。

葉煬彬（2002b）。色情作品在男性青少年階段所扮演的角色（下）。菁莪季刊，14(1)，35-48。

劉俊蘭（2000）。自省與觀人：藝術家的自畫像與肖像(1)—

—畢卡索。未發表碩士論文，臺北市立師院視覺藝術研究所。

鮑家麟（1991）。中國婦女史論續集。臺北：稻香。

饒仁琪（1997年3月16日）。看A片到底看什麼。聯合報。

蘇郁凱（2001年11月29日）。0204等你喲。中國時報。

Corbella D.著，徐芬蘭譯（1997）。了解米羅。臺北：藝術家。

Nead, L.著，侯宜人譯（1995）。女性裸體。臺北：遠流。

Nochlin, L.著，游惠貞譯（1995）。女性、藝術與權力。臺北：遠流。

Westheimer, R.著，趙永芬譯（1994）。感官藝術。臺北：萬象。

Neret G. (1998). Erotic Art.Taschen America Llc. New York, U.S.A.

拾　性肢體語言──情趣按摩

Karamer, J. (n. d) Male orgasm. The New School of Erotic Touch. 取自：http://www.eroticmassage.com.

Karamer, J. (n. d）Vulva massage. The New School of Erotic Touch. 取自：http://www.eroticmassage.com.

Stubbs, K. R., Saulnier, Louise-Andree (1993). Erotic massage: The Touch of Love. Secret Garden Publishing. U.S.A.

國家圖書館出版品預行編目資料

性與溝通／朱元祥, 林燕卿著. --初版. --
　　臺北市：幼獅, 民97.01
　　　面；公分
　　參考書目：面
　　ISBN 978-957-574-693-3（平裝）

　　1. 性 2. 性關係 3. 兩性溝通

544.7　　　　　　　　　　　　　96024223

性 與 溝 通

作　　者／朱元祥、林燕卿
出 版 者／幼獅文化事業股份有限公司
發 行 人／李鍾桂
法律顧問／務實法律事務所　柏有為律師
公　　司／臺北市重慶南路一段66-1號3樓
電　　話／(02)2311-2832
傳　　真／(02)2311-3309
郵政劃撥／0002737-3
印 刷 者／崇寶彩藝印刷股份有限公司
出版日期／97.1初版
定　　價／180元
行政院新聞局核准登記證局版臺業字第○一四三號

有著作權・侵害必究

門市：幼獅文化廣場

臺北衡陽店：臺北市衡陽路6號　　　　　　　　　　　　　電話：(02)2382-2406
松江展示中心：臺北市松江路219號　　　　　　　　　　　電話：(02)2502-5858轉734
苗栗育達店：苗栗縣造橋鄉談文村學府路168號（育達商業技術學院）　電話：(037)652-191
若發現本書有缺頁、倒裝、漏印、嚴重汙損等情形，請將書包妥寄回，本公司將盡速為您更換。

┌╨┐ 幼獅文化公司 ／讀者服務卡／

感謝您購買幼獅公司出版的好書！
為提升服務品質與出版更優質的圖書，敬請撥冗填寫後(免貼郵票)擲寄本公司，或傳真(傳真電話02-23115368)，我們將參考您的意見、分享您的觀點，出版更多的好書。並不定期提供您相關書訊、活動、特惠專案等。謝謝！

基本資料

姓名：＿＿＿＿＿＿＿＿＿＿先生／小姐

婚姻狀況：□已婚 □未婚　職業：□學生 □公教 □上班族 □家管 □其他＿＿＿＿

出生：民國＿＿年＿＿月＿＿日

電話：(公)＿＿＿＿＿(宅)＿＿＿＿＿(手機)＿＿＿＿

e-mail：＿＿＿＿＿

聯絡地址：＿＿＿＿＿

1. 您所購買的書名：＿＿＿＿＿

2. 您通常以何種方式購書？ □1.書店買書 □2.網路購書 □3.傳真訂購 □4.郵局劃撥
   (可複選)　□5.幼獅門市 □6.團體訂購 □7.其他

3. 您是否曾買過幼獅其他出版品：□是，□1.圖書 □2.幼獅文藝 □3.幼獅少年
   □否

4. 您從何處得知本書訊息：□1.師長介紹 □2.朋友介紹 □3.幼獅少年雜誌
   (可複選)　□4.幼獅文藝雜誌 □5.報章雜誌書評介紹＿＿＿＿報
   □6.DM傳單、海報 □7.書店 □8.廣播(　　　　)
   □9.電子報、edm □10.其他＿＿＿＿

5. 您喜歡本書的原因：□1.作者 □2.書名 □3.內容 □4.封面設計 □5.其他

6. 您不喜歡本書的原因：□1.作者 □2.書名 □3.內容 □4.封面設計 □5.其他

7. 您希望得知的出版訊息：□1.青少年讀物 □2.兒童讀物 □3.親子叢書
   □4.教師充電系列 □5.其他

8. 您覺得本書的價格：□1.偏高 □2.合理 □3.偏低

9. 讀完本書後您覺得：□1.很有收穫 □2.有收穫 □3.收穫不多 □4.沒收穫

10. 敬請推薦親友，共同加入我們的閱讀計畫，我們將適時寄送相關書訊，以豐富書香與心靈的空間：

    (1)姓名＿＿＿ e-mail＿＿＿ 電話＿＿＿
    (2)姓名＿＿＿ e-mail＿＿＿ 電話＿＿＿
    (3)姓名＿＿＿ e-mail＿＿＿ 電話＿＿＿

11. 您對本書或本公司的建議：

10045　台北市重慶南路一段66-1號3樓

幼獅文化事業股份有限公司　收

客服專線：02-23112836 分機 208　傳真：02-23115368
e-mail：customer@youth.com.tw
幼獅樂讀網http://www.youth.com.tw